후금 요양성 정탐서

만포첨사로서 1621년 9월 후금을 다녀온 사행 보고서
최창대 및 홍양호의 각 〈정충신전〉 역주

후금 요양성 정탐서

鄭忠信 원저·申海鎭 역주

보고사
BOGOSA

일러두기

이 책은 다음과 같은 요령으로 엮었다.

01. 번역은 직역을 원칙으로 하되, 가급적 원전의 뜻을 해치지 않는 범위 내에서 호흡을 간결하게 하고, 더러는 의역을 통해 자연스럽게 풀고자 했다. 다음의 번역서가 참고 되었다.
   《광해군일기》, 국사편찬위원회 조선왕조실록 사이트.
   《해동명장전》, 홍양호 저, 강백도·백순남 역, 평양 문학예술출판사, 2010.

02. 원문은 저본을 충실히 옮기는 것을 위주로 하였으나, 활자로 옮길 수 없는 古體字는 今體字로 바꾸었다.

03. 원문표기는 띄어쓰기를 하고 句讀를 달되, 그 구두에는 쉼표(,), 마침표(.), 느낌표(!), 의문표(?), 홑따옴표(' '), 겹따옴표(" "), 가운데점(·) 등을 사용했다.

04. 주석은 원문에 번호를 붙이고 하단에 각주함을 원칙으로 했다. 독자들이 사전을 찾지 않고도 읽을 수 있도록 비교적 상세한 註를 달았다.

05. 주석 작업을 하면서 많은 문헌과 자료들을 참고하였으나 지면관계상 일일이 밝히지 않음을 양해바라며, 관계된 기관과 여러분들께 진심으로 감사드린다.

06. 이 책에 사용한 주요 부호는 다음과 같다.
   1) ( ) : 同音同義 한자를 표기함.
   2) [ ] : 異音同義, 出典, 교정 등을 표기함.
   3) " " : 직접적인 대화를 나타냄.
   4) ' ' : 간단한 인용이나 재인용, 또는 강조나 간접화법을 나타냄.
   5) 〈 〉 : 편명, 작품명, 누락 부분의 보충 등을 나타냄.
   6) 「 」 : 시, 제문, 서간, 관문, 논문명 등을 나타냄.
   7) 《 》 : 문집, 작품집 등을 나타냄.
   8) 『 』 : 단행본, 논문집 등을 나타냄.

머리말

  이 책은 17세기 신흥강국으로 떠오른 후금의 심양(瀋陽)이 아닌 요양성(遼陽城)을 다녀와서 올린 보고서를 번역하고 주석한 것이다. 텍스트는 만포첨사(滿浦僉使)였던 정충신(鄭忠信, 1576~1636)이 1621년 9월에 사신으로서 요양성을 다녀오며 정탐한 보고서이다. 이 정탐서는 정충신의 문집《만운집(晚雲集)》에는 수록되어 있지 않고,《광해군일기(光海君日記)》13년(1621) 9월 10일조 3번째 기사로 실려 있다. 이 번역을 참고하여 재번역하면서 인물, 지명, 어휘 등에 대한 이해를 돕기 위해 주석 작업을 한 것이다.

  '후금 요양성 정탐서'라는 이 책의 제목은 역주자가 붙인 것이다. 1619년 심하(深河) 전투에서 강홍립(姜弘立)의 구원군이 후금에 투항한 이후, 후금이 조선으로 쳐들어올까 전전긍긍하던 상황이었다. 이러한 당시, 후금을 정탐하도록 정충신을 후금에 사신으로 보내는 일화가 분명하게 밝혀져 있기 때문이다. 곧, 정충신을 후금으로 파견하려 했을 적에 광해군(光海君)과 묘당(廟堂)에서 명나라와 모문룡이 모르도록 비밀리에 보내려 했었는데, 정충신이 이에 대한 이의를 제기하는 상소로 인하여 명나라와 모문룡에게 알리고 파견한 일화가 있다. 이때 정충신의 이 상소문만은《만운집》에도 실려 있어 서로 비교할 수 있도록 번역해 참고자료로 덧붙였다.

이로써, 선조(宣祖), 광해군(光海君), 인조(仁祖) 대에 이르는 후금의 사행일기에 대한 일련의 역주서를 간행하는 셈이다. 곧 만포첨사(滿浦僉使) 군관(軍官) 신충일(申忠一, 1554~1622)이 1595년 12월 22일부터 1596년 1월 5일까지 답서를 전달하고 누르하치의 회첩을 받아 돌아온 과정을 기록한 일기 『건주기정도기(建州紀程圖記)』(보고사, 2017), 전라남도 보성 출신 선약해(宣若海, 1579~1643)가 1630년 4월 3일부터 5월 23일까지 위문사로서 수행한 일기 『심양사행일기(瀋陽使行日記)』(보고사, 2013), 전라남도 장흥 출신 위정철(魏廷喆, 1583~1657)이 1631년 3월 19일부터 4월 30일까지 회답사로서 수행한 일기 『심양왕환일기(瀋陽往還日記)』(보고사, 2014), 전라남도 강진 출신 이준(李浚, 1579~1645)이 1635년 1월 20일부터 4월 15일까지 춘신사로서 수행한 일기 『심행일기(瀋行日記)』(보고사, 2020), 전라남도 나주 출신 나덕헌(羅德憲, 1573~1636)이 1636년 2월 9일부터 4월 29일까지 춘신사로서 수행한 일기 『북행일기(北行日記)』(보고사, 2020)가 출간되었기 때문이다.

호남의 빛고을 광주 중심에는 충장로와 금남로라는 도로가 있다. 충장로는 김덕령 장군과 관련이 있는바, 금남로는 바로 정충신 장군의 시호와 관련이 있다. 이 정충신이 사신으로 후금에 다녀와 보고한 정탐서를 번역하였으니, 공교롭게도 또 다시 호남 출신의 사행일기를 출간하는 것이다.

　이처럼 오늘날에도 호남에서는 정충신을 기리고 있는데, 조선조에서는 어떠했는지 조사해 보았다. 인물전으로는 최창대(崔昌大, 1669~1720)의 문집《곤륜집(昆侖集)》권14에 수록된 〈정장군충신전(鄭將軍忠信傳)〉과 홍양호(洪良浩, 1724~1802)가 편찬한 《해동명장전(海東名將傳)》에 수록된 〈정충신전(鄭忠信傳)〉이 있었다. 《곤륜집》은 1725년에 간행된 것이고, 《해동명장전》은 1794년에 간행된 것이다. 특히, 해동명장전은 무장만을 대상으로 엮은 전기집으로 유일한 것이지 않나 한다. 조선시대의 전기집이 주로 문신이나 학자를 중심으로 이루어졌기 때문이다.

　한편, 《만운집》은 초간본이 1759년에 활자화되었을 것으로 추정되나 현존하지 않고 있으며, 1894년에 활자로 간행된 중간본이 전하고 있다. 그런데 이 문집에는 부록으로 〈해동명신록약(海東名臣錄略)〉만 수록되어 있다. 이때 해동명신록은 '해동명장전'을 지칭하는 것이다. 또한 북한에서는 우리보다 일찍 관심을 가졌는바, 1956년 평양 국립출판사가 영인한 것을 2010년 강병도·백순남에 의해 번역되어 평양 문학예술출판사가 다시 출간하였는데, 대본은 둘다 《해동명장전》에 수록된 〈정충신전〉이다.

　하지만 최창대의 〈정장군충신전〉이 홍양호의 《해동명장전》에 수록된 〈정충신전〉보다 앞선 인물전이 틀림없다. 최창대는 병자호란 때 주화파였던 최명길(崔鳴吉)의 증손자이다. 인물전의 선후를 확인하도록 이 책에서는 두 인물전을 번역하여 수록했다. 살펴

보면, 홍양호가 최창대의 인물전을 바로 옆에 두고 몇 글자들을
넣거나 빼거나 또 수정하였을 뿐임을 알 수 있을 것이다. 주목되
는 것이 만력(萬曆)을 선묘(宣廟)로, 오랑캐[虜]를 금인(金人)으로 바
꾼 것인데, 이는 홍양호가 북학파였음을 상기하면 저간의 사정을
이해할 수 있다.

　그 이유야 어찌되었든 정충신의 후손가와 남북한 모두가 정충신
인물전의 모태가 되었던 최창대의 〈정장군충신전〉에 대해 한번쯤
은 관심을 가져야 하지 않을까 한다. 그런데 정충신의 인물전은
물론 다른 부분에 대해서도 서술되어 있지만 상대적으로 '이괄의
난을 진압한 것'에 초점을 맞추어 서술되어 있고 분량도 상당하다.
이런 측면에서 보자면, '후금 요양성 정탐서'는 정충신의 또 다른
측면을 살펴볼 수 있어서 의미가 있는 것이라 하겠다.

　언제나 하는 말이지만 나름대로 최선을 다하고자 했다. 그러나
여전히 부족할 터이라 대방가의 질정을 청한다. 다만, 17세기 민족
수난기의 실기문학(문헌)에 대한 정치한 작품론이 치열하게 전개되
는 데 이바지하기를 바랄 뿐이다.

　끝으로 편집을 맡아 수고해 주신 보고사 가족들의 노고와 따뜻
한 마음에 심심한 고마움을 표한다.

2020년 5월 빛고을 용봉골에서
무등산을 바라보며 신해진

차 례

영인자료

후금 요양성 정탐서
後金遼陽城偵探書

살이호산 전투상황(1619)

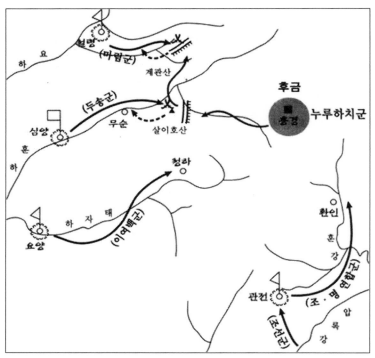

출처 : 군사편찬연구소, 『한국연합작전사』, 2009, 317면.

후금 요양성 정탐서

　만포 첨사(滿浦僉使) 정충신(鄭忠信)을 보내어 오랑캐 진영과 서로 오가며 사이가 좋게 하려 하였다. 심하(深河)에서 군대를 모조리 잃은 이후로 조정에서는 오랑캐가 동쪽으로 쳐들어올까 날마다 걱정하였으나 능히 스스로 강해질 계책인 자강책(自强策)을 세울 수 없었다. 오로지 눈앞에 있는 오랑캐의 군사를 늦추기에만 급급하여 정충신을 오랑캐 진영에 보내면서도 모문룡(毛文龍) 장군이 알까봐 두려워서 그로 하여금 몰래 다녀오도록 하였다.

　이에, 정충신은 즉시 상소하였다.

　「삼가 아뢰건대, 건주(建州)의 오랑캐들이 하늘을 거스르고 연호를 참람히 쓰는데 이르러 날마다 멧돼지와 뱀이 되어 상국(上國: 명나라)을 점차 먹어 들어가고 있습니다. 또 동쪽으로 짖으며 물려고 으르렁대는 것이 그치지 않고 있습니다. 살피건대, 우리의 병력이 적고 미약하여 스스로 강하지 못한데다 또 오랑캐를 견제할 수 있는 계책조차 세울 수가 없어서, 계책 없이 나가니 성상(聖上)께서 염려하시는 것 또한 이러한 데서 비롯되었을 것으로 여겨지옵니다. 그리하여 지금 신이 보잘것없는 것을 알지 못하시고 신을 오랑캐의 진영으로 갈 사신이자 묘당(廟堂: 의정부)의

계책으로 삼으셨으니, 사신이 아는 것은 없지만 또한 어찌 구구할
지라도 얕은 계책이 없겠사옵니까? 세상의 일이 말은 일치하더라
도 의심하거나 믿는데 있어서 다른 사람이 있사옵니다. 송(宋)나
라의 부유한 사람이 담장을 쌓았던 것이 바로 그 예입니다. 지금
모문룡(毛文龍)이 우리나라의 변경에 가까이 머무르고 있는데, 이
제 신(臣)이 오랑캐의 진영으로 가는 것은 자객이나 간사한 자가
아니라서 이치상 그 종적을 숨기기는 어렵사옵니다. 온 요동(遼
東)의 땅에 어찌 한두 명이라도 명나라를 사모하는 자가 소문을
누설하여 다른 사람들에게 미치도록 하는 것이 없겠습니까? 만약
모문룡의 무리들이 그 말을 종잡을 수 없게 하여 의혹을 천조(天
朝: 명나라 조정)에 유포한다면, 증자(曾子)의 어머니가 베 짜던 북
을 증자가 살인했다는 말이 세 번 이르기 전에 던져버리고 달아
났던 것처럼 될 것이옵니다. 엎드려 바라옵건대, 성상(聖上)께서
는 신(臣)을 보내어 정탐하려는 뜻을 빨리 전하셔서 명나라 조정
에 아뢰고 또 모문룡에게도 말하소서. 훗날 천하 사람들의 구설
수를 면하게 할 수 있다면 어찌 사신만의 다행이겠습니까? 실로
국가의 다행일 것이옵니다. 신(臣)이 삼가 참찬(參贊) 신하에게 내
리신 유지(有旨: 왕명서)를 보니, 글의 내용에 '명나라 장수가 만약
이 사실을 알면 군사기밀이 누설될 염려가 없지 않으니, 자취를
아주 충분히 감추어 보내도록 하라.'고 했는데, 만일 모문룡에게
말하지 않고 자취를 감추도록 하여 보낸다면, 신(臣)은 비록 만
번 죽는다 해도 끝내 감히 명을 받들 수 없사옵니다.」

　조정에서는 그의 말을 좇아서 마침내 그 뜻을 모문룡(毛文龍) 장군에게 알렸고, 모문룡 장군도 역시 인정하여 '사람을 보내 정탐하는 것을 막지 않겠다.'고 하였다.

　정충신(鄭忠信)은 드디어 호차(胡差: 후금 차사) 소롱귀(小弄貴) 등과 사행길을 떠난 지 10여 일 만에 오랑캐 진영에 도착하였다. 노추(老酋: 누르하치)가 마침 탕천관(湯泉館)에 갔는지라, 정충신은 남성(南城) 밖에 머물러 있었다. 다음날 호장(胡將: 오랑캐 장수) 언가리(彦加里: 누르하치의 사위)가 탕천관에서 왔는데, 누르하치의 총애를 받는 신하였다. 연회의 음식을 성대히 차리고 정충신에게 연회에 참여하도록 청하였는데, 누르하치의 셋째사위 올고대(兀古大: 吳爾古代), 호장(胡將) 소두리(所豆里: 巴都禮)·이영방(李永芳)·수동양성(修佟養性: 佟養性)·언가리(彦加里) 등이 그 연회자리에 앉아있었다. 언가리가 먼저 말했다.

　"우리 추장(酋長: 누르하치)께서 탕천관에 계시는데, 나로 하여금 먼저 차관(差官: 사신)이 먼 길 오느라 고생한 것을 위로하라고 했소."

　이어서 물었다.

　"이렇게 온 것은 무엇 때문이오?"

　정충신은 조정에서 지시한 뜻을 차례차례 말하였다. 언가리가 말했다.

　"각기 강토를 지키며 서로 침범하여 포학하게 행동하지 말아야 할 터인데, 무슨 방도를 써야 견고할 수 있겠소?"

정충신(鄭忠信)이 말했다.

"신의로써 한다면 견고할 수 있소."

"어떻게 해야 신의(信義) 있다고 할 수 있소?"

"한마디의 말이 입으로 나오면 대대로 지켜서 그르치지 않는 것, 이것이 신의라 할 것이오."

언가리(彦加里)가 말했다.

"이웃과 화목하게 지내며 왕래한 것이 햇수로 벌써 세 번이나 바뀌었는데 아직도 미처 '결국(結局: 결말지음)'을 하지 못했소. 차관(差官: 사신)의 이름을 들은 지 오래라서 한마디 말로 즉시 결단할 것으로 여겼었는데, 지금 다시 "네네" 거리기만 하니 우리가 바랐던 것이 전혀 아니라오."

정충신이 말했다.

"이른바 결국(結局)이란 것이 무엇이오?"

맹약(盟約)을 요구하는 뜻이라고 대답하였다. 정충신이 말했다.

"신의라는 것이 마음에서 말미암는다면 구태여 맹약을 맺을 필요가 있소? 또 조정의 명을 받고서 떠나올 때 맹약을 맺으라는 분부를 듣지 못한데다 심부름꾼인 내가 감히 마음대로 처리할 바가 아니오."

언가리(彦加里)가 말했다.

"만일 우리와 우호관계를 맺는다면 장차 남조(南朝: 명나라)는 어떻게 할 것이오?"

정충신이 말했다.

"이미 신하로 천조(天朝: 명나라)를 섬겼으니, 이는 아들이 아버지를 섬기는 것과 같소. 비록 불행히 남쪽으로 쫓겨나고 서쪽으로 피난까지 하였을지라도, 황제께 달려가서 문후하는 것을 끝내 그만둘 수 없는 것이오. 의리로 임금을 섬기고 신의로 이웃을 사귀나니, 그 뜻은 마찬가지이오."

말이 천조(天朝)의 일에 이르러 이영방(李永芳)을 돌아보니, 온 얼굴에 부끄러움으로 가득하여 마치 몸 둘 곳이 없는 것 같았다.

나흘을 머무르자, 노추(老酋: 누르하치)가 탕천관(湯泉館)에서 돌아와 숙소에 강홍립(姜弘立)과 김경서(金景瑞) 두 장수를 보내면서 말했다.

"같은 조정에 있었던 사람들이 마침 이 땅에 모였는데, 어찌 만나보고 싶은 뜻이 없겠는가? 오늘은 모름지기 마음껏 대화하기 바라오."

또 연회에 차릴 것들을 보내어 위로하였다. 다음날 노추(老酋)가 사람을 시켜 물었다.

"조선(朝鮮)은 곧 대국인데도 욕되이 차관(差官: 사신)을 보내어 멀리서 안부를 묻고 또한 예물까지 후하게 보내주니 황송스럽소. 우리도 역시 차인(差人: 사신)을 보내어 함께 경성(京城: 한양)에 이르러 귀국의 조정에 사례하려 하니, 차관(差官: 정충신)은 데려가지 않겠소?"

정충신(鄭忠信)이 말했다.

"우리나라가 동쪽으로는 일본과 우호관계를 맺었고 서쪽으로는 이곳과 접해 있지만, 근래에 이웃나라의 사신이 국경 안으로 들어오는 것을 전혀 보지 못했소. 이것은 새로 생기는 일이니, 어찌 감히 같이 돌아가는 것을 마음대로 허락할 수 있겠소?"

언가리(彦加里) 및 소두리(所豆里: 巴都禮)·볼지하(乶之下)·대해(大海) 등이 두 장수를 데리고 와서 만났는데, 대해가 노추(老酋)의 뜻을 전하여 말했다.

"귀국은 이미 차관(差官: 사신)을 보내어 나의 안부를 물었으니, 나 또한 차관을 보내 서로 사례(謝禮)하는 것이 마땅하오. 그래서 나도 예를 갖추려는데, 차관을 어찌 굳게 거부하는 것인가? 이미 서로 우호관계를 맺어 차관도 왕래시키고 물품들도 교환함에 이는 내외하는 뜻이 없는 것인데, 지금은 마치 문을 꼭꼭 닫고 손님을 초대하는 것과 같으니 서로 우호관계를 맺자는 뜻이 신의로써 말할 만 것이오? 게다가 나는 이미 여러 차례 편지로 안부를 물었지만, 한 번도 이에 대해 답하지 않았소. 이는 '건주위 마법(建州衛馬法)'으로 쓰는 것은 괴이하게 여길까 두렵고 '후금 국한(後金國汗)'으로 쓰는 것은 치욕으로 여기는 것에 불과하여 때문에 허튼소리로 나를 희롱하는 것이니, 어찌 그리도 사람을 어린아이 보듯 하는 것이오? 나와 우호관계를 맺을 때 이로움이 나에게 있겠는가, 귀국에 있겠는가?"

정충신(鄭忠信)이 말했다.

"피차간에 이로운지 해로운지는 참으로 미리 예측할 수 없으나, 우리나라는 임진왜란 이후로부터 전쟁터에서 오랫동안 고생하였고 또 양국의 살아있는 백성들을 거듭 곤궁하게 하지 않고자, 각기 강토를 지키며 대대로 그르침이 없게 하려는 것이오. 문서에 답하지 않은 것은 실로 그 일을 중히 여기는 뜻에서 나온 것인데, 도리어 '허튼소리로 나를 희롱한다.'고 말하는 것은 너무나 핍박하는 것이 아니겠소? 차관(差官: 사신)을 왕래시키자는 한마디는 말이 매우 일리가 있으나, 다만 우리나라에서 근래에 없었던 일이기 때문에 감히 마음대로 허락할 수 없소. 만약 마음을 가라앉혀 살펴보면, 내 말도 나쁘지는 않을 것이오."

언가리(彦加里)가 말했다.

"지금 귀국에는 한인(漢人: 명나라 사람)이 없소?"

정충신이 말했다.

"모문룡(毛文龍) 유격(遊擊)이 수군을 거느리고 와서 용천(龍川)의 항구에 정박해 있소."

언가리(彦加里)가 말했다.

"저들이 만약 군사를 징발하면, 귀국은 어찌 돕지 않을 수 있겠소?"

정충신(鄭忠信)이 말했다.

"만약 돕고자 하였다면 저번에 진강(鎭江)의 전투에서 어찌 한 명도 우리나라 사람이 없었겠소?"

언가리(彦加里)가 말했다.

"두 장수가 우리에게 잡혀 있은 지도 이미 오래되었소. 몽골의
장수 재새(宰賽)도 역시 같은 해에 잡혀와 지난달에 소와 양 1만 마
리를 치르고 돌아갔으니, 이것으로 본다면 두 장수의 몸값도 높을
것이오. 만약 쇄환(刷還: 데리고 돌아옴)하고자 한다면, 먼저 모름지
기 맞먹을 만한 것을 맡겨야 할 것이오."

정충신이 말했다.

"이번 길은 본디 두 장수를 쇄환하기 위한 것이 아니니, 화가 나
면 그들을 잡아두고 화가 풀리면 놓아주는 것이 곧 흔히 있는 일일
진댄 구태여 나에게 말하는 것이요?"

또 며칠이 지나자, 노추(老酋)가 언가리(彦加里)·대해(大海)를 보
내어 와서 말했다.

"차관(差官: 사신)이 우리의 관사(館舍)에 머문 지도 여러 날이 되
었소. 그러나 이미 차관을 왕래시키는 것도 허가하지 않는데, 감히
유독 귀국의 후한 예물만 받을 수가 없었소. 그래서 끝내 접견하지
않은 것이지만, 밖에서 돌아왔을 때도 매우 미안했었소. 원컨대, 돌
아가 조정에 아뢰어 만일 사신 왕래시키는 것에 대해 윤허(允許:
허가)를 받는다면 다시 와서 이 일을 결말짓고, 만일 윤허 받기가
어렵다면 굳이 청하지 않겠소. 그리고 차관이 기필코 만포(滿浦)를
경유하는 길로 돌아가려는 것은 무슨 의도인 것이오?"

정충신(鄭忠信)이 말했다.

"별로 딴 뜻은 없소. 나는 만포의 관원으로서 조정의 명을 받고 왔으니, 또한 만포를 통하여 복명(復命: 보고)하는 것이 당연하오."

두 호장(胡將)이 말했다.

"그렇지가 않소. 모문룡(毛文龍) 유격(遊擊)이 용천(龍川)에 있는 까닭에 용만(龍彎: 의주)의 길을 열고자 하지 않는 뜻인 것이오. 우호관계를 맺으려면 맺고, 맺지 않으려면 그만일 터이니, 응당 명백하게 하여야 할 것인데 구태여 남몰래 왕래할 필요가 있소? 이미 분부하여 진강로(鎭江路)에서 대접하게 하였으니, 내일 모름지기 이 길을 따라 돌아가시오."

마침내 허락하자, 언가리(彦加里)가 말했다.

"지난번 옥강(玉江)의 일은 우리가 마음대로 건너간 것이 아니고, 실은 귀국에서 초래한 것이오. 내가 비록 말하지 않았으나, 귀국 또한 필시 자세히 알지 못했을 것이오. 군사들이 건너갔다가 오는 동안에 감히 풀 한 포기와 나무 한 그루도 상하지 않게 하였으니, 어찌 서로 우호적으로 지내려는 뜻이 아니겠는가?"

또 말했다.

"만약에 체두(剃頭)머리 무리들이 있는 곳을 적확히 안다면 압록강(鴨綠江)이 언 뒤에 군사들을 건너게 하여 잡아오도록 해야 하니, 장차 어찌하면 좋겠소?"

소위 체두(剃頭)머리한 자란 가달(假㺚)이 후금에 투항해온 자들을 가리키는 것이다.

정충신(鄭忠信)이 말했다.

"비록 그들이 있는 곳을 들었을지라도 단지 글로 서로 묻고 우리의 회답을 기다리고 나서 나아가거나 물러나는 것이 마땅하오. 만일 제멋대로 우리의 국경을 넘으면, 이웃나라와 우호적으로 지내려는 뜻이 어디에 있소? 군사를 건너게 할 때, 우리나라에서 변경을 지키는 군졸 또한 의향이 있는 바를 알지 못해 반드시 무력을 써야 할지니, 양국 사이에 불화의 틈은 어찌 이런 것으로 말미암아 생기지 않겠소?"

언가리(彦加里)가 말했다.

"감히 정말 이런 일이 있다고 말하는 것이 아니라, 다만 우리들의 마음을 말했을 뿐이오. 그리고 모문룡(毛文龍) 유격의 배가 정박한 곳이 용천(龍川)에서 거리가 얼마나 되오? 그 바다도 역시 얼어붙지 않소?"

정충신이 말했다.

"바다의 어귀에서 2일 정도 걸어야 하는 거리이고, 바닷물은 본래 얼어붙지 않소."

다음날 장차 길을 떠나려 하자, 두 호장(胡將: 대해와 언가리)이 또 관사(館舍)에 와서 소첩(小帖)을 꺼내어 보여주는데, 바로 진강(鎭江)의 위유격(僞遊擊) 주계문(朱繼文)이 이영방(李永芳)에게 보고한 것이었다. 그 소첩은 다음과 같이 쓰여 있었다.

「지난달 19일 밤에 어느 곳의 군사인지 알지 못하지만, 강동(江東)에서 건너와 장관전(長寬奠)의 하가둔(下家屯)에 도착하여 6명을 쟁탈하여 밤중에 돌아갔다.」

대해(大海)가 말했다.

"강동(江東)은 누구의 땅이오?"

정충신(鄭忠信)이 말했다.

"그렇다면 이것을 우리 병사들이 했단 말이오? 모문룡(毛文龍) 유격의 병사들이 했단 말이오?"

대해(大海)가 말했다.

"기왕에 강동에서 왔다면 두 나라의 군사에 불과할 뿐이오."

정충신이 말했다.

"정말로 강동의 군사가 다수 건너왔다면 허다한 마을[屯堡] 가운데 어찌 단지 6명만을 끌고 갔겠소? 하물며 하가둔(下家屯)은 강가에서 60여 리를 가야하니, 갔다가 오는데 120리오. 100여 리나 되는 거리를 어찌 하룻밤 사이에 갔다가 다시 돌아올 수 있겠소? 이것은 명나라를 그리워 한 6명이 선박을 훔쳐 타고 강을 따라 내려가 가도(椵島)에 들어가려는 계책이었는데, 해당 둔보(屯堡)의 관원이 손실한 책임을 면하려고 이렇게 핑계하여 말한 것에 불과하오."

대해(大海)가 또 소첩(小帖) 하나를 꺼내니, 이는 바로 휘하[票下]의 수비(守備) 조성공(趙成功)이란 자가 모문룡(毛文龍) 유격에게 알리기 위해 보낸 문서였다. 그 문서는 다음과 같이 쓰여 있었다.

「속히 대군(大軍)을 돌려서 조선(朝鮮)에 잠복시켰다가 비밀리
에 함께 일을 도모하여 요양(遼陽)을 회복해야 한다.」

글을 잘 구사하여 말이 매우 강개하였다. 언가리(彦加里)가 말
했다.

"이미 모공(毛公: 모문룡)에게 변경에 머물러 있도록 청하고 또
대군(大軍)을 잠복하도록 청하여 장차 우리를 도모하려 하면서, 이
웃나라와 우호적으로 지내려 한다는 교린이란 말에 의탁하여 우리
의 허실을 엿보려고 왔겠지만, 어찌 이와 같은 문자를 우리의 나졸
(邏卒)들이 획득했으리라고 생각이나 했겠소?"

정충신(鄭忠信)이 말했다.

"이는 우리나라와 모장(毛將: 모문룡)이 서로 내통한 글이 아니오.
그 문자를 보면 요양(遼陽)을 왕래한 흔적이 많이 있는데도 소위 조
성공(趙成功)이라는 자가 어떤 사람인지 알지 못하오. 생각건대 체
두(剃頭)머리한 자가 아직도 명나라를 그리워하는 마음이 있어서
모장(毛將: 모문룡)에게 계책을 바치고 또한 후일을 위해 대비한 것
일 따름이니, 우리와 무슨 관계가 있단 말이오? 게다가 천조(天朝:
명나라)의 사정으로 말하면 대군(大軍)이 곳곳에 가득하나 오히려 물
러나 머물러 있으니, 어찌 큰 바다의 풍랑 속을 뚫고 건너 우리나라

에 군사를 잠복시켰다가 요양성(遼陽城)의 회복을 꾀할 수 있겠소? 이는 어린아이의 의견도 못 되는데, 어찌 그리 의혹이 쉽게 생긴단 말이오?"

두 호장(胡將: 대해와 언가리)이 모두 의혹이 풀린 기색으로 대답하여 말했다.

"차관(差官: 사신)의 말에도 일리가 있소. 문서 속에 조선(朝鮮)의 군사라고 적확하게 말하지도 않았으니, 어찌 억지로 조선과 관계된 일이라 할 수 있겠소? 조성공(趙成功)의 일은 우리 칸(汗)께서 생각하신 바가 암암리에 차관(差官: 사신)의 생각과 서로 맞으니 웃을 만 하오. 대개 모장(毛將: 모문룡)이 변경에 머물러 있기 때문에 일이 생기면 의심이 없을 수 없소. 이 말을 잘 알아듣고서 돌아가 조정에 고해주기를 바라오."

이날 떠나지 못했는데, 다음날 노추(老酋: 누르하치)가 통사(通事: 역관) 박경룡(朴景龍)을 불러 물었다.

"듣자니 너희 나라에서 궁궐을 많이 짓는다고 하던데, 그러하냐?"

박경룡이 대답했다.

"임진왜란 이후로 토목공사를 할 겨를이 없다가 지난해부터 비로소 공사를 시작하였는데, 생각건대 지금은 이미 마쳤을 것이오."

또 물었다.

"큰 섬에 또 성도 쌓고 궁궐도 짓는다고 하던데, 그러하냐?"

박경룡이 대답했다.

"경성(京城: 한양)에서 사흘길인 거리에 강화부(江華府)가 있는데, 사방이 바다로 둘러있고 그 땅이 매우 넓소이다. 임진왜란 때 경성에서 피난하려던 선비들이 그곳으로 많이 들어갔소이다. 성과 해자(垓子)를 수축한다고 하는 것은 사실이오."

또 물었다.

"이번에 온 차관(差官: 사신)의 직급과 품계는 남조(南朝: 명나라)에 보내는 차관과 견주면 어떤 등급의 관원이냐? 게다가 어떤 사람이냐? 나라에서 보낸 차관이냐? 아니면 혹 중간에서 보내온 자이냐?"

박경룡(朴景龍)이 대답했다.

"중조(中朝: 중국 조정)의 유격(遊擊)에 견줄 수 있소이다. 이 사람은 일찍이 중국에 입조(入朝)한데다 또 일본과 홀온(忽溫: 해서여진)도 다녀와 견문한 것이 지극히 많은 사람이오. 또 벼슬이 높은 사람이니, 만약 조정에서 보내지 않았다면 누가 사신으로 보낼 수 있겠소?"

그 다음날, 언가리(彦加里)와 대해(大海) 두 호장(胡將)이 관사(館舍)로 나와서 또 문서 하나를 꺼내어놓는데, 바로 우리나라가 만력제(萬曆帝: 神宗)의 붕어(崩御)에 대해 조위(弔慰)를 표하는 자문(咨文: 외교문서)으로 바다에서 얻은 것이었다. 정충신(鄭忠信)이 즉시 의자에서 내려와 무릎을 꿇으니, 두 호장도 의자에서 내려왔다. 대해(大海)가 하나하나 손가락으로 짚어 보이면서 긴요한 어귀를 집어내어 물었다.

"무슨 원한이 있어서 구사한 말들이 이와 같이 심하단 말이오?"

정충신(鄭忠信)이 말했다.

"이것은 글 짓는 신하[詞臣]들이 지은 것이오. 기왕에 조위(弔慰)를 표하는 글이라 하면, 문자가 자연히 이와 같소. 문서에 변경의 사태 및 우리나라의 고립되고 위급한 사정을 많이 언급하였는데, 이는 군사를 일으키기가 어렵다는 발단에 불과하오. 200년 동안이나 신하로 섬긴 나라가 하루아침에 변란을 당하여 강토를 잃고 망할 지경에 이르렀으니, 조위(弔慰)를 표하는 거조가 어찌 없을 수 있겠소? '한 하늘 밑에 함께 살 수 없다(不共戴天).'고 한 것과 같은 것에 이르러서는, 이는 임금의 원수에 대해서 상용(常用)하는 말이오. '적(賊)'이란 글자는 천조(天朝: 명나라)가 매번 이 글자를 사용하였으니, 이는 글 짓는 신하[詞臣]들이 천조(天朝)의 문자를 이어받아 쓴 것일 따름이오. 가령 천조(天朝)가 우리나라와 같은 환란을 당하여도 이곳에서 문서로 조위를 표해야 한다면 구사하는 말이 또한 다시 이같이 반복할 것이니, 어찌 이것으로 심한 책망을 할 수 있겠소?"

언가리(彦加里)가 말했다.

"우리들 또한 그러한 사정을 생각하나 구사한 말은 역시 너무 지나쳤소만, 이미 지나갔으니 굳이 다시 말하지 않겠소. 앞으로 만약 성심껏 서로 우호적으로 지낸다면 매우 다행이겠소."

정충신이 그 자문(咨文)을 가지고 귀국하는 것을 원하여 즉시 허락하고는 이어서 물었다.

"차관(差官: 사신)은 이번에 왔다가 언제 다시 올 것이오? 만일 사신의 왕래가 허용된다면 두 나라의 다행임은 더 무슨 말을 하겠소? 칸(汗)이 만나지 않은 것으로 섭섭하게 여기지 마오."

백금(白金) 10냥과 여우 가죽 2장을 주었으며, 데려간 구실바치[員役]에게도 각기 은(銀) 1냥씩을 주어 노자(路資)를 삼도록 하였다.

떠나려 하자, 또 백마 1필을 보내어 말했다.

"듣자니 차관(差官: 사신)이 타고 온 말이 여기에 도착하여 죽었다고 해서, 때문에 좋지 않은 말이지만 걷는 대신에 타고가기를 바라오. 지난날 소롱귀(小弄貴)가 귀국에 갔을 때에도 말이 죽는 근심이 있었는데, 귀국에서 특별히 준마 1필을 지급해준 후의(厚意)를 지금까지 잊지 않고 있소."

정충신(鄭忠信)은 진강로(鎭江路)를 경유하여 돌아왔다.

○ 이번 행차는 정충신이 갔다가 돌아오는데 한 달 남짓이 걸렸고 2천여 리의 길이었다. 오랑캐의 소굴에 깊이 들어가서 오랑캐의 내부 사정을 세세히 탐문하여 자세히 탐문하지 않는 것이 없었다. 노추(老酋: 누르하치)에게 아들이 20여 명이 있었고 군대를 거느린 아들은 6명이었다. 장남(長男: 褚英)은 일찍 죽었고, 그 다음으로는 귀영가(貴盈哥: 代善)·홍태주(洪太主: 皇太極)·망가퇴(亡可退: 莽古爾泰)·탕고대(湯古台: 湯古代)·가문내(加文乃: 미상)·아지거(阿之巨: 阿

濟格)였다. 귀영가(貴盈哥)는 단지 평범한 보통사람이었고, 홍태주
(洪太主)는 비록 용맹이 남보다 뛰어났으나 속으로는 시기심이 많
아 자기 아비의 편애를 믿고 몰래 형을 죽이려는 계책을 품고 있었
다. 그 나머지 네 아들은 족히 말할 만한 사람이 없으니, 총괄하자
면 노추(老酋: 누르하치)에 견줄 것이 아니었다. 아두(阿斗)라는 자가
있었는데 노추(老酋)의 종제(從弟: 4촌 동생)이다. 용맹하고 지혜가
많아 여러 장수보다도 출중하게 위였는데, 그간의 전투에서 승리
한 것은 모두 그의 공이었다.

노추(老酋)가 일찍이 아두(阿斗)에게 몰래 물었다.

"여러 아들 가운데 누가 나를 대신할 만 하겠나?"

아두(阿斗)가 말했다.

"자식을 아는 이로 부모만한 사람이 없사오니, 누가 감히 말을
하겠습니까?"

노추(老酋)가 말했다.

"우선 말해 보라."

아두(阿斗)가 말했다.

"지략과 용맹을 모두 갖추고, 사람들이 모두 칭송하여 말할 사람
이 좋습니다."

노추(老酋)가 말했다.

"내가 너의 마음이 있는 곳을 알겠다."

대개 홍태주(洪太主: 홍타이지)를 가리킨 것이었다. 귀영가(貴盈哥)

가 이 말을 듣고 깊이 품고 있었는데, 나중에 아두(阿斗)가 비밀리에 귀영가에게 말했다.

"홍태주(洪太主)가 망가퇴(亡可退: 莽古爾泰)·아지거(阿之巨: 阿濟格)와 장차 너를 해치고자 한다. 일의 기미가 급박하니, 모름지기 방비하도록 하라."

귀영가(貴盈哥)가 그의 아버지를 보고 웃자, 노추(老酋: 누르하치)가 괴이하게 여겨 물으니, 아두가 말한 것을 그대로 대답하였다. 노추(老酋)가 즉시 세 아들을 불러 물었는데, 세 아들이 말했다.

"스스로 그런 것을 말한 적이 없사옵니다."

세 아들의 말이 매우 빠짐없고 상세하니, 노추(老酋)가 아두(阿斗)를 책망하여 양쪽 사이를 얽어 모함하였다고 하면서 족쇄와 칼을 채워 밀실에 가두며 가산(家産)을 몰수하였으니, 노추가 아두를 내친 것은 장성(長城)을 스스로 허물고 만 것이었다.

그 군대는 여덟 부(部)가 있는데, 25초(哨)가 1부(部)이고 400명이 1초(哨)이다. 1초 가운데는 별초(別抄)가 100명, 장갑(長甲)이 100명, 단갑(短甲)이 100명, 양중갑(兩重甲)이 100명이다. 별초군(別抄軍)은 수은(水銀) 갑옷을 입어서 수많은 군사 가운데서도 눈에 띄게 두드러져 쉬 식별되어 행군할 때는 뒤에서 따르고 진영(陣營)에서는 안에 머물렀는데, 오로지 승부를 결정지어야 할 때에만 쓰인다. 두 겹의 갑옷을 입은 군사[兩重甲]들은 성을 공격하거나 참호를 메우는 데에 쓰인다. 한 부(部)의 군사는 모두 12,000명이니, 여덟 부의 군사는 대략 96,000기(騎)이다.

노추(老酋)가 직접 통솔하는 예하의 두 부(部) 가운데, 한 부(部)는 아두(阿斗)가 일찍이 거느렸는데 황기(黃旗)에 그려진 것이 없었으며, 다른 한 부(部)는 대사(大舍)가 거느렸고 황기에 황룡(黃龍)이 그려 있었다. 귀영가(貴盈哥)의 예하 두 부(部)를 가운데, 한 부(部)는 보을지사(甫乙之舍)가 거느렸고 적기(赤旗)에 그려진 것이 없었으며, 다른 한 부(部)는 탕고대(湯古台)가 거느렸고 적기에 청룡(靑龍)이 그려 있었다. 홍태주(洪太主: 홍타이지)의 예하 한 부(部)는 거느렸는데 동구어부(洞口魚夫)가 거느렸고 백기(白旗)에 그려진 것이 없었으며, 망가퇴(亡可退)의 예하 한 부(部)는 모한나리(毛漢那里)가 거느렸고 청기(靑旗)에 그려진 것이 없었다. 노추(老酋)의 조카인 아민태주(阿民太主: 阿敏)의 예하 한 부(部)는 아민태주의 동생 자송합(者送哈: 濟你哈朗)이 거느렸고 청기에 흑룡(黑龍)이 그려 있었으며, 노추의 손자인 두두아고(斗斗阿古: 杜度)의 예하 한 부(部)는 양고유(羊古有)가 거느렸고 백기에 황룡(黃龍)이 그려 있었다. 통사(統司)와 초대(哨隊)에도 각기 깃발이 있어서 크고 작은 구분이 있으며, 군졸들에게는 투구 위에 작은 깃발을 꽂아서 식별되도록 하였다.

부(部)마다 황갑(黃甲) 2통(統), 청갑(靑甲) 2통, 홍갑(紅甲) 2통, 백갑(白甲) 2통이 있는데, 전쟁할 때에는 대(隊)마다 압대(押隊: 감독관) 1명이 붉은 화살을 가지고 있다가 만일 떠들거나 질서를 어지럽히며 제 혼자 전진하기도 하고 제 혼자 후퇴하기도 하는 자가 있으면

붉은 화살로 그 자를 쏘았다. 전쟁이 끝나면 검사하여 등에 붉은
화살을 맞은 흔적이 있는 자는 경중을 따지지 않고 그를 베어버렸
다. 전쟁에서 이기면 재물이나 가축들을 거둬들여 여러 부대에 두
루 나누어주었고, 전공(前功)이 많은 자에게는 한 몫을 더 주었다.

『《光海君日記》 13년 9월 10일 3번째 기사』

後金遼陽城偵探報告書

○遣滿浦[1] 僉使[2] 鄭忠信[3], 通和虜營。自深河[4] 喪師[5] 之後, 朝廷日憂東搶[6], 而不能爲自强之計。唯以目前[7] 緩師爲急, 使忠信于虜營, 而又恐毛將[8] 之知, 使之潛爲往來。

忠信卽上疏曰:「伏以, 建奴[9] 逆天, 至僭年號, 日爲封豕[10], 荐

---

1) 滿浦(만포): 조선시대 평안도 江界都護府에 있던 압록강 가의 마을 이름.

2) 僉使(첨사): 조선시대 각 鎭營에 속한 종3품의 무관. 僉節制使의 약칭이다.

3) 鄭忠信(정충신, 1576~1636): 본관 錦城, 자는 可行, 호는 晚雲. 임진왜란 때 權慄 휘하에서 종군했고 만포첨사로 국경을 수비했다. 李适의 난 때 黃州, 서울 鞍峴에서 싸워 이겼고 정묘호란 때 부원수가 되고 조정에서 후금과 단교하려는 데 반대해 유배되었다.

4) 深河(심하): 중국 학자 왕종안에 의하면 환인현 六度河이고 좀 더 정확하게는 二戸來鎭 黑臥子 부근이라 함. 사르후 전투(薩爾滸之戰) 때 강홍립의 조선 구원군이 1619년 3월 2일에 도착하여 3일까지 머문 지역이다.

5) 喪師(상사): 군대를 모조리 잃음.

6) 東搶(동창): 동쪽으로 가서 빼앗음. 조선이 후금의 동남쪽에 있었기 때문이다.

7) 目前(목전): 目前之計. 눈앞에 보이는 한때만을 생각하는 것. 임시적인 꾀.

8) 毛將(모장): 毛文龍(1576~1629). 명나라 말기의 무장. 호 振南. 1605년 무과에 급제, 처음에는 遼東의 총병관 李成梁 밑에서 유격이 되었다. 1621년 누르하치가 요동을 공략하자, 廣寧의 巡撫 王化貞의 휘하로 들어갔다. 뒤에 연안의 諸島를 자기편으로 끌어들이고, 조선과 교묘하게 손잡고 淸나라를 위협할 태세를 취하자, 左都督에 임명되었다. 그 뒤 전횡을 일삼다가 산해관 군문 袁崇煥에게 참살되었다.

9) 建奴(건노): 누르하치(Nurhachi, 奴爾哈齊(또는 奴兒哈赤), 1559~1626)를 일컬음. 여진을 통일하고 1616년 후금을 세워 칸(汗)으로 즉위하였으며, 명나라와의 크고 작은 전쟁에서 여러 번 대승을 거두어 청나라 건국의 초석을 다졌다. 그가 병사한 후 아들 홍타이지가 국호를 대청으로 고치고 청나라 제국을 선포했다. 조선에서 누르하치를

食[11] 上國[12]。又欲東吠, 狺然[13]未已。顧我兵力單弱, 不能自强,
而又不爲羈縻之計[14], 則出於無策, 聖慮所在, 亦出於此。今者不
知臣無狀[15], 以臣爲虜庭之使, 廊廟[16]之策, 非使臣之所知, 然亦
豈無區區之淺慮乎? 天下之事, 言則一致, 而疑信不同者存焉。宋
富民之築墻[17], 是也。今毛文龍壓駐吾境, 今臣之行, 旣非刺客·

奴酋로 슈르하치(Šurgaci, 舒爾哈齊(또는 速兒哈赤), 1564~1611)를 小酋로 불러 두
사람에게 추장이라는 칭호를 붙인 셈이다.

10) 封豕(봉시): 封豕長蛇. 몸집이 몹시 크고 탐욕스럽기 그지없는 멧돼지와 뱀이라는
뜻. 포학하고 탐욕스러운 부족이라는 말이다.

11) 荐食(천식): 다른 나라를 점차 먹어 들어간다는 뜻.

12) 爲封豕, 荐食上國(위봉시, 천식상국):《春秋左氏傳》定公 4년 조에 "오나라는 큰 멧
돼지와 긴 뱀이라서 끊임없이 상국을 잠식하고 있다.(吳爲封豕長蛇, 以荐食上國.)"라
고 한 데서 온 표현.

13) 狺然(은연): 개가 으르렁대는 모양. 李承召가 지은 〈漁陽三首〉의 "누가 오랑캐의 개
로 하여금 어양 땅을 지키게 했던고, 끝내는 으르렁거리며 당 나라를 물려고 했네.(誰
敎羯狗鎭漁陽 終欲狺然噬大唐.)"에서 나오는 말.

14) 羈縻之計(기미지계): 羈縻는 굴레와 고삐라는 뜻이므로, 기미지계는 속박하거나 견
제하는 계책.

15) 無狀(무상): 버릇이 없거나 무례하거나 경우가 없는 것을 일컫는 말. 또 보잘것없는,
내세울 만한 선행이나 공적이 없는 것을 일컫기도 한다.

16) 廊廟(낭묘): 조정의 政事를 논의하는 건물을 뜻하는 말로, 조선시대에는 의정부를
가리킴.

17) 宋富民之築墻(송부민지축장): '智子疑鄰' 고사성어에서 나온 표현.《韓非子·說難》
〈顔則旭篇〉의 "송나라에 부유한 사람이 있었는데, 어느 날 큰 비가 내려 집의 담장이
무너졌다. 그의 아들이 말하기를, '만약에 서둘러 담을 쌓지 않으면, 반드시 장차 도둑
이 들게 될 것입니다.' 하였고, 그 사람의 이웃노인 또한 그렇게 이야기를 하였다. 그날
저녁에 과연 그 사람은 재물을 많이 잃어버렸다. 그 사람은 그의 아들이 매우 지혜롭다
고 여겼지만, 이웃의 노인이 도둑질한 것이라고 의심하였다.(宋有富人, 天雨墻坏. 其
子曰: '不築, 必將有盜.' 其鄰人之父亦云. 暮而果大亡其財, 其家甚智其子, 而疑鄰人之
父.)"에서 인용된 것이다. 다시 말해, 어느 집 담장이 무너지자 그 집의 아들과 이웃

姦人, 理難匿迹。全遼之地, 豈無一二思漢者, 走漏消息, 以及於
人也? 若文龍輩變幻其說, 流惑於天朝, 曾母之杼, 不待三至而投
也[18]。伏願聖明[19], 亟將送臣偵探之意, 敷奏[20]天廷, 又言於毛文
龍。使他日得免天下頰舌[21], 則豈但使臣之幸? 實國家之幸也。臣
竊見有旨[22]於贊臣, 事意則曰:"唐將若知此事, 不無漏洩軍機之
患, 十分潛形[23]以送."若不言於毛文龍, 而潛形以送, 則臣雖萬被
誅戮, 終不敢受命.」朝廷從其言, 遂以其意, 告毛將, 毛亦以爲'送
人偵探, 不妨.'

　忠信遂與胡差小弄貴[24]等, 起程[25]行十餘日, 到虜營。老酋[26]

사람이 똑같이 도둑맞을 가능성을 말했지만, 실제로 도둑을 맞은 뒤 이웃 사람은 의심
을 받았고 아들은 선견지명이 있다고 칭찬을 받은 것으로, 같은 일이라도 사람마다
그 일을 이해하는 방식과 판단 결과는 다르다는 것을 보여주었다.

18) 曾母之杼, 不待三至而投也(증모지저, 부대삼지이투야): 曾母投杼의 고사성어에서
나온 표현. 《史記》〈甘茂傳〉의 '옛날 노나라 사람 가운데 曾子와 이름이 같은 사람이
사람을 죽였는데, 그것을 증자의 어머니에게 알리니, 계속 베를 짜고 있었고, 또 한
사람이 알리니 계속 베를 짜고 있었지만, 또 알리니 베 짜던 북을 내던지고 도망쳤다.
(昔魯人有與曾參同姓名者殺人, 人告其母, 織自若也, 又一人告之, 織自若也, 又告之,
其母遂投杼而走。)"에서 활용한 것이다.

19) 聖明(성명): 고상한 군주.

20) 敷奏(부주): 임금에게 의견을 진술하여 아룀.

21) 頰舌(협설): 구설수.

22) 有旨(유지): 승정원의 담당 승지를 통하여 전달되는 王命書.

23) 潛形(잠형): 모습과 자취를 감추고 드러내지 아니함.

24) 小弄貴(소롱귀): 海西女眞 울라인으로, 누르하치에게 귀부한 인물. 선조대 말 울라
[烏喇]부의 버일러 부잔타이([布占泰], bujantai)가 두만강 유역의 藩胡들을 공략할
때 조선과 충돌이 벌어졌는데, 이때 울라의 대표로서 조선과의 교섭을 담당하였던 인
물이다. 그는 광해군대 초반까지 조선과의 교섭을 중재하였지만 1613년 1월 建州女眞

適往湯泉館, 忠信於南城外。翌日, 胡將彦加里[27], 自湯泉來, 酋
之貴幸[28]臣也。大設宴具[29], 請忠信赴席, 酋壻兀古大[30], 胡將所
豆里[31]·李永芳[32]·修佟養性[33]·彦加里等在坐矣。 彦胡先言曰:

의 누르하치([奴兒哈赤], nurhaci)가 울라를 병합한 뒤에는 그에게 귀부하였던 것으로
추정된다. 소롱귀는 누르하치에게 귀부한 이후에는 건주여진의 대표로서 계속해서 조
선과의 교섭을 담당하였다. 그를 小弄耳라고도 하는데, 耳라는 것은 '귀'라는 발음을
훈독한 것이다. 앞의 小에 오랑캐 혹은 여진인을 의미하는 胡를 붙인 小胡라는 표현으
로도 자주 등장하였다.

25) 起程(기정): 길을 떠남.

26) 老酋(노추): 다른 문헌들에서는 奴酋로 표기됨.

27) 彦加里(언가리): 누르하치의 사위 揚古利(1572~1637)의 다른 표기. 매우 간사하고
교활하고 모략이 뛰어난 인물이다. 14살 때 아버지가 部人에게 살해당하자 손으로 직
접 원수를 죽이고 누르하치에게 귀순했다. 누르하치의 딸을 아내로 맞아 額駙가 되었
다. 哈達과 輝發 등 部를 편입시키는 데 종군했다. 1619년 명나라 杜松과 馬林의 군대
를 격파했다. 2년 뒤 遼陽을 흡수하고 一等總兵官 작위를 받았는데, 지위가 八貝勒
다음이었다. 1633년 먼저 명나라 국경으로 깊이 들어가 작전을 벌여야 한다는 계책을
건의했다. 1636년 阿巴春 등과 함께 명나라를 공격하고 邊墻으로 들어갔다. 다음해
朝鮮을 공격하는 데 참여했다가 鳥銃에 맞아 죽었다.

28) 貴幸(귀행): 임금에게 은총을 받음.

29) 宴具(연구): 잔치하는 도구.

30) 兀古大(올고대): 누르하치의 셋째사위. 哈達納喇 吳爾古代. 哈達貝勒 盟格布祿
(1565~1600)의 아들이다.

31) 所豆里(소두리): 누르하치의 신하. 巴都禮, 巴都里, 巴篤理, 所道里로도 표기된다.
대대로 佟佳에 거주하다가 天命 초에 동생인 家阿圖와 함께 후금에 歸附, 滿洲正白旗
에 예속되었다. 누르하치는 그 재주를 살피고 또한 戰功을 세우자 游擊에 제수하였다.

32) 李永芳(이영방, ?~1634). 누르하치의 撫順 공격 당시 투항한 명나라의 장수. 1618년
누르하치가 무순을 공격하자 곧장 후금에 투항하던 당시 명나라 유격이었는데, 누르
하치는 투항에 대한 보답으로 그를 三等副將으로 삼고 일곱째아들인 아바타이(阿巴
泰, abatai)의 딸과 혼인하게 하였다. 이후 그는 淸河·鐵嶺·遼陽·瀋陽 등지를 함락시
킬 때 함께 종군하여 그 공으로 三等總兵官에 제수되었다. 1627년에는 아민(阿敏,
amin)이 지휘하는 후금군이 조선을 공격한 정묘호란에도 종군하였는데, 전략 수립

"吾酋在湯泉, 使我先慰差官遠路辛苦." 仍問曰: "所來何幹?" 忠
信以朝廷指授之意, 次第言之. 彦胡曰: "各守封疆, 毋相侵虐, 用
何道而可堅乎?" 忠信曰: "以信則可堅." 曰: "何謂信也?" 曰: "一
言出口, 世守勿失, 此爲信也." 彦胡曰: "以和隣往來者, 歲已三
易, 而尙未結局. 久聞差官之名, 謂將一言卽決, 今復唯唯34), 甚
非吾所望者也." 忠信曰: "所謂結局者, 何也?" 答以要盟之意. 忠
信曰: "信若由中, 何必爲盟? 且受命以來, 旣不聞修盟之敎, 非使
人35)之所敢擅也." 彦胡曰: "若與我爲交, 則將若南朝何?" 忠信
曰: "旣已臣事天朝, 則是猶子之事父也. 雖不幸以至於南奔西
幸, 奔問官守36), 終不可已也. 事君以義, 交隣以信, 其義則一

과정에서 아민과 마찰을 빚어 '오랑캐(蠻奴)'라는 모욕을 당하기도 하였다. 그럼에도
불구하고 그는 修養性과 함께 투항한 漢人에 대한 누르하치의 우대를 상징하는 인물로
자주 언급되었다

33) 修修養性(수동양성): 修養性. 명나라 말기의 여진인으로 명나라의 관직을 받았으나
이후에 건주여진으로 투항한 인물. 아버지를 따라 명나라에 투항하여 요동에 정착하
였다. 1616년 누르하치가 後金을 건국하자, 그와 내통하였고 撫順을 함락하는 데 기여
하였다. 누르하치가 종실의 여인을 아내로 주었으므로 어푸(額駙, efu) 칭호를 받았고
三等副將에 제수되었다. 1631년부터 귀순한 漢人에 대한 사무를 전적으로 관장하게
되었고 火器 주조를 감독한 공으로 암바 장긴(大將軍, amba janggin)이 되었다. 1632
년 홍타이지가 차하르(察哈爾, cahar) 몽골을 공격할 때에 심양에 남아 수비하였는데,
이때 병으로 사망하였다.
34) 唯唯(유유): 자기의 주견이 없이 남의 의견에 무조건 따르는 모양.
35) 使人(사인): 심부름하는 사람.
36) 奔問官守(분문관수): 난리를 당한 임금에게 달려가서 문후하는 것을 말함.《春秋左氏
傳》僖公 24년에 의하면, 周나라 襄王이 난리를 피해 鄭나라 시골마을인 氾에 머물면서
魯나라에 그 사실을 알리자, 臧文仲이 "천자께서 도성 밖의 땅에서 먼지를 뒤집어쓰고
계시니, 어찌 감히 달려가서 관수에게 문후하지 않을 수 있겠습니까.(天子蒙塵于外,

也."言及天朝事, 顧見李永芳, 滿面羞慙, 若無所容。

留四日, 老酋還自湯泉, 送姜・金[37]兩帥于館次[38]曰: "同朝之
人, 適會此地, 豈無願見之意? 今日須從容[39]對話." 又送宴具以
慰之。後日, 酋使人問曰: "朝鮮卽大國, 辱遣差官遠問, 且有所贈
厚禮, 不敢當[40]。吾亦欲送差人, 偕至京城, 以謝朝廷, 差官能帶
去否?" 忠信曰: "我國東交日本, 西接此地, 近來絶未見隣使入
境。此新創之事也, 何敢擅許同歸?" 彦胡及所豆里・乶之下[41]・

敢不奔問官守.)"라고 대답한 고사에서 유래한 것이다. 관수는 왕을 좌우에서 모시는
신하들을 가리키는데, 至尊인 천자를 직접 거론할 수 없으므로 이렇게 代稱한 것이다.
37) 姜金(강김): 姜弘立과 金景瑞를 가리킴. 姜弘立(1560~1627). 본관은 晉州, 자는 君
信, 호는 耐村. 참판 姜紳의 아들이다. 1618년 명나라가 後金을 토벌할 때, 명의 요청
으로 조선에서 구원병을 보내게 되었다. 이에 조선은 강홍립을 五道都元帥로 삼아
13,000명의 군사를 거느리고 출정하도록 했다. 그러나 조선과 명나라 연합군이 富車
에서 대패하자, 강홍립은 조선군의 출병이 부득이하게 이루어진 사실을 통고한 후 군
사를 이끌고 후금에 항복하였다. 이는 현지에서의 형세를 보아 향배를 정하라는 광해
군의 밀명에 따른 것이었다. 투항한 이듬해 후금에 억류된 조선 포로들은 석방되어
귀국하였으나, 강홍립은 부원수 金景瑞 등 10여 명과 함께 계속 억류되었다. 1627년
정묘호란 때 귀국, 江華에서의 和議를 주선한 후 국내에 머물게 되었으나, 逆臣으로
몰려 관직을 빼앗겼다가 죽은 후 복관되었다. 金景瑞(1564~1624)는 1618년 평안도
병마절도사로 있을 때 명나라가 建州衛의 後金을 치기 위해 원병을 요청하자, 부원수
가 되어 원수 강홍립과 함께 구원병을 이끌고 출전했다. 그러나 富車에서 패전한 뒤
포로가 되었다가 몰래 敵情을 기록하여 조선에 보내려 했으나 강홍립의 고발에 의해
사형되었다.
38) 館次(관차): 館舍. 숙소.
39) 從容(종용): (시간이나 경제적으로) 여유가 있음. 넉넉함.
40) 不敢當(불감당): 감히 대적하여 당해 낼 수 없음. 중국에서는 '천만의 말씀이다' 또
'황송스럽다'는 뜻으로도 사용된다.
41) 乶之下(볼지하):《仁祖實錄》1627년 8월 6일조에는 甫乙只舍로 표기됨.

大海42)等，率兩帥來見，大海傳酋意曰："貴國旣已遣官相問43)，
則我亦當遣官相謝。我欲修禮，差官一何牢拒？旣與之相交，則
通差·通貨，是無內外之意，而今則有若閉門謝客者然，相交之
義，可言以信乎？且我旣累修書問44)，而一不答之此。此不過欲
書建州衛馬法45)，則恐見怪；欲書後金國汗，則以爲辱，故以遊辭
玩我，何其視人如嬰兒乎？與我交時，利在我乎？利在貴國乎？"
忠信曰："彼此利害，固不可豫期，我國自壬辰以後，積苦兵間，且
不欲重困兩國生靈，欲各守封疆，世世無失。文書之不答，實出於
重其事之意，乃以游辭玩我爲言，無乃太逼乎？通差一節，言甚有
理，但以我國近來所無之事，故不敢擅許。若平心察之，則我言亦

---

42) 大海(대해): 한문 등에 관한 식견을 바탕으로 누르하치~홍타이지 시절 대명 교섭이
나 만주 문자 창제 등 외교 및 문서 행정에 관한 분야에서 활약한 達海(dahai)의 한자
이름. 만주 正藍旗 소속인 다하이는 약관의 나이에 누르하치에게 기용되었다. 1620년
에 한의 시녀로부터 2필의 藍布를 받았다는 이유로 사형에 처해질 뻔했으나, 한문에
능통한 인재임이 참작되어 대신 굵은 나무에 쇠사슬로 묶이는 형벌에 처해졌다. 이후
홍타이지에 의하여 재임용되었고, 1629년 文館[bithei yamun]이 설립될 당시 명조의
古書를 번역하는 임무를 맡았다. 그는 조선과의 국서 교환이나 사신 접대 등에 여러
차례 참여하였고, 1629~1630년 후금의 명 공략전 당시에는 명과의 교섭을 담당하는
등 외교에도 관여하였다. 1632년에는 기존의 無圈點 만주 문자, 일명 '老滿文'에 수정
을 가한 有圈點 만주 문자, 곧 '新滿文'을 형성하는 데에 공헌하였다. 그해 7월 무렵
38세의 나이에 병사하였다.
43) 相問(상문): 안부를 물음.
44) 書問(서문): 편지로 안부를 묻는 것.
45) 建州衛馬法(건주위마법): 당시 조선과 명나라에서 누르하치를 後金國汗 대신 칭하던
말. 동등한 군주의 위치로 보는 것이 아니라 일개 장수 및 관찰사로 하대하는 의미를
담고 있다.

不惡也." 彦胡曰: "今則貴國無漢人乎?" 忠信曰: "毛遊擊領水兵,
來泊龍川⁴⁶⁾港口矣." 彦胡曰: "彼若徵兵, 貴國豈不相助?" 忠信
曰: "若將助之, 前日⁴⁷⁾鎭江⁴⁸⁾之役, 豈無一箇我人?" 彦胡曰: "兩
帥在我, 亦已久矣. 蒙將宰賽⁴⁹⁾, 亦同年被拘, 前月以牛羊萬頭贖
歸, 以此論之, 則兩帥價亦高矣. 若欲刷還⁵⁰⁾, 則先須置直可也."
忠信曰: "此行本非刷兩帥者, 怒則執之, 好則釋之, 此其常事, 何
必向我道也?"

又數日, 老酋遣彦加里·大海來言曰: "差官之留我館, 亦有日
矣. 而旣不許通差, 則不敢獨受貴國厚禮. 是以終不果見, 自外
以還, 亦極未安. 願歸稟朝廷, 如蒙准許通差, 則便可再來, 以結
此局, 如以爲難, 則不須强請. 且差官, 必欲由滿浦⁵¹⁾路以回者,

---

46) 龍川(용천): 평안북도 용천군 지역에 해당함.

47) 前日(전일): 저번에. 정충신이 후금의 요양성에 도착한 것은 8월 14일로 모문룡의
   명나라가 군대가 鎭江을 기습적으로 공격하여 점령한 것은 7월 20일이었다.

48) 鎭江(진강): 鎭江堡. 중국 遼寧省 丹東의 북동쪽에 있는 요새지.

49) 宰賽(재새): 몽골어 자이사이(Jayisai)를 한자로 음차하여 표기한 것. 17세기 초 몽골
   喀爾喀(칼카)部의 수령. 그는 명나라와 통교하면서도 요동 변방을 침입하였으니, 1605
   년에는 명나라 변방을 침입하여 慶雲堡 守禦 熊鑰을 죽였다. 1619년 후금의 누르하치
   가 명나라 鐵嶺을 공격하자, 그는 명나라 군대를 원조하러 자루드(Jarud)部의 박(Ba
   γ), 바야르트 다이칭(Bayartu dayičing), 세분(Sebün) 등과 20여 명의 타이지(tayiji)
   의 10,000군대를 이끌고 왔다. 누르하치의 만주군대와 싸웠지만 패배하여 자기 아들
   세트겔(Sedkil)·히식트(Kisigtü) 등 10여 명의 관리 및 150여 병사와 함께 누르하치에
   게 붙잡혔다. 누르하치는 오래지 않아 재새의 두 아들을 석방하였으며, 1621년에 재새
   의 자식들이 부친을 위하여 소와 양을 10,000마리나 내놓자 재새도 석방하였다.

50) 刷還(쇄환): 조선시대에 다른 나라에서 떠돌아다니는 사람을 데리고 돌아오던 일.

51) 滿浦(만포): 조선시대 평안도 江界都護府에 있던 압록강 가의 마을 이름.

何意耶?"忠信曰:"別無他意。我以滿浦之官, 承命以來, 則亦當
從滿浦而復命[52]。"兩胡曰:"不然。以毛遊擊在龍川之故, 不欲開
灣路之意耳。 交則交, 不交則已, 當明白爲之, 何必暗裏[53]行
走[54]? 旣已分付鎭江路, 使之接應, 明日須從此路而還。"遂許之,
彦胡曰:"前日玉江[55]之事[56], 我非擅越, 實貴國招之也。吾雖不

---

52) 復命(복명): 명령을 받은 일에 대하여 그 처리 결과를 보고함.

53) 暗裏(암리): 암암리에. 남몰래.

54) 行走(행주): 왕래함. 교제함.

55) 玉江(옥강): 평안북도 의주군 옥상면 있는 龍舞山에서 발원하여 서쪽으로 곡류하다
압록강으로 흘러드는 하천.《新增東國輿地勝覽》에는 棠木川으로 기록되어 있다.

56) 玉江之事(옥강지사): 후금이 압록강을 건너와 玉江과 水口 등에서 명나라 사람들을
죽인 사건. 趙慶男의《續雜錄》권1 신유년(1621) 5월 21일조를 보면, "贊劃使의 글에
이르기를,「玉江에 건너온 도적이 명나라 사람 백여 명을 살육하고 水口로부터 강을
건너 강가에 주둔하여 있다고 하므로, 당일 義州에서는 변고를 듣자 순변사 李箕賓
·방어사 柳斐와 함께 의논하여 군사 5백여 명을 조발하고, 별장 元悰을 보내어 적들이
주둔하고 있는 곳으로 달려가 산에 의지하여 진을 치고 먼저 통사를 보내어 타이르기
를, '이웃으로 잘 지낸 지가 여러 해가 되었고, 강토는 한계가 있으니 만약 쫓아서
잡을 사람이 있으면 마땅히 국경을 지키는 관원에게 통지하여 조용히 처리하는 것이
좋은데, 군사를 일으켜 국경을 넘어온 것은 결코 서로 잘 지내자는 뜻이 아니요, 전쟁
을 하자는 것이다. 차라리 남이 나를 저버릴망정 우리는 남을 저버리지는 못하므로
먼저 역관을 들여보내노라.' 하니, 적들은 돌아가서 한 곳에 모여 강을 건너 진을 쳤습
니다. 이튿날 글을 보내 왔는데, '大金國 駙馬王 李永芳은 조선의 변경을 지키는 관원
에게 유시하여 알게 하노라. 우리 대금국 황제께서 요동을 거두어 가지고 있다는 것을
아마 너희 나라도 알고 있을 것이다. 동편 일대에 차관을 보내어 안무시켰는데, 古河의
어리석은 백성 趙希文 등이 무리를 이끌고 복종하지 않고, 우리의 차관 2명을 죽였으
므로 친히 와서 위로하자는 것이고, 원래는 살해할 뜻이 없었다. 우리와 너희 나라는
원래 원한이 없고, 여러 차례 왕래하여 어제 내가 친히 沿岸에서 통사를 보내어 불렀으
나 너희들은 응하지 않았고, 너희에게 諭帖을 주어도 보지 않으므로 이 때문에 강을
건너 명나라 사람들을 모두 죽였으나 결코 너희 나라 사람들은 다치지 않았다. 이후에
다시 명나라 사람들이 강을 건너가거든 즉시 돌려보내어 입술과 이가 서로 의지하는

言, 貴國亦非必詳知。兵之去來, 不敢害一草一木, 豈非相好之意
耶?" 又曰: "若的知剃頭[57]輩所在, 則江凍後渡兵收來, 將若之
何?" 所謂剃頭者, 指假㺚之來投者也。忠信曰: "雖聞所在, 只當
以書相問, 待我回報而進退之。若率意[58]擅越, 則烏在乎交隣之
意也? 渡兵之時, 我守邊之卒, 亦不知意向所在, 必將以干戈從
事, 兩國之釁, 豈不由此而生乎?" 彦胡曰: "非敢謂眞有是事, 直
道吾心耳。且毛遊擊所泊處, 去龍川幾許那? 海亦凍合否?" 忠信
曰: "去海口二程餘, 海水本不凍合耳."

　翌日將發程, 兩胡又來館次, 出小帖示之, 卽鎭江僞遊擊朱繼
文之報於李永芳者也。其中云: 「前月十九日夜, 不知何處兵, 自
江東過來, 到長寬[59]下家屯, 搶六口人, 從夜裏回去。」大海曰:
"江東是誰之地?" 忠信曰: "然則以此爲我兵乎? 爲毛兵乎?" 曰:
"旣自江東來, 則不過二家兵耳." 忠信曰: "眞是江東兵多數過來,
則許多屯裏, 豈但搶去六口而已? 況下家屯去江上六十餘里, 則

뜻이 있음을 보여라. 그렇지 않으면 틈을 야기할 것이니 너희들은 무엇을 믿을 것인
가?'하였습니다.」는 기록이 있다.

57) 剃頭(체두): 머리카락을 바싹 깎음.

58) 率意(솔의): 마음대로. 임의대로.

59) 長寬奠(장관전): 寬奠. 寬甸. 南滿洲의 압록강에 접한 鳳凰城 동쪽의 지방이다. 寬甸
　은 명나라 중기까지만 해도 東寧衛에 속한 新甸·大甸·長甸·永甸 등과 같은 한 堡地였
　으나, 1573년에 參將 李成梁이 巡撫 張學顔과 같이 위의 五堡에 張其哈剌佃을 편입한
　寬甸六堡(遼東六堡라고도 함)를 建造해서 명나라 東邊의 요해처로 삼았다. 그러면서
　險山堡를 寬甸에, 孤山堡를 張其哈剌佃에 옮기기도 했다.

去來一百二十里也。百餘里之地[60]，豈可一夜回還？此不過六口
思漢者，偸乘船隻，順江而下，以爲入島計，本堡之官，欲免喪失
之責，托此爲言耳。"大海又出一小帖，乃是票下守備趙成功者，
送稟於毛遊擊之書也。其書曰：「速回大兵，潛伏朝鮮，密謀共事，
以復遼陽。」鋪張文字，語甚慷慨。彦胡曰："旣請毛公在境，又請
大兵潛伏，將欲圖我，而托言交隣，來覘虛實，豈意此等文字，爲
我邏卒[61]所獲也？"忠信曰："此非我國與毛將相通之書也。看其
文字，多有往來遼陽之迹，所謂趙成功者，不知何許人也。想是[62]
剃頭者，尚有思漢之心，獻計於毛將，而亦以爲他日地耳，何與於
我事？且以天朝之事言之，大兵滿地，猶且退舍[63]，豈可濟師於大
海風濤之中，潛伏我國，以圖遼城之復耶？此不滿小兒之見，何其
易生疑惑也？"兩胡皆有解惑之色，答曰："差官之言，亦是有理。
書中旣不的言朝鮮兵，則何可强以爲朝鮮事也？趙成功之事，吾
汗所料，暗與差官相合，可笑。大槪毛將在境上，故遇事不能無
疑。幸知此言，歸告朝廷。"

　是日不得發，明日老酋招通事[64]朴景龍[65]問之曰："聞爾國多

---

60) 地(지)：路程。목적지까지의 거리.
61) 邏卒(나졸)：일정한 지역을 돌아다니거나 지키던 군졸.
62) 想是(상시)：생각건대.
63) 退舍(퇴사)：물러나서 머무름.
64) 通事(통사)：통역하는 일을 맡은 사람.
65) 朴景龍(박경룡)：사르후 전투에 참전하였다가 후금의 포로가 된 인물. 후금의 조선어

造宮闕云, 然乎?"答曰: "倭亂以來, 未遑土木, 自前年始役, 想今
已畢矣." 又問曰: "大島中, 又爲築城·造闕云, 然乎?"答曰: "去
京城三日程, 有江華府, 四面環海, 其地甚廣. 壬辰之變, 京城避
亂之士, 多歸焉. 修築城池云者, 是矣." 又曰: "今來差官職品, 比
南朝則何等官? 且何如人也? 是國差乎? 抑或中間來者耶?"答
曰: "中朝游擊之比也. 此人早朝中國, 又遊日本及忽溫66), 極多
所見者也. 旣是官高之人, 若非朝廷所差, 則孰能使之?"

　又明日, 彦·大兩胡出來館次, 又出一文書, 卽本國陳慰67)咨
文68), 得之於海上者也. 忠信卽下床而跪, 兩胡亦下床. 大海一
一指示, 拈出緊語而問曰: "有何讎怨, 而措語若此之甚也?"忠信
曰: "此皆詞臣69)之所撰也. 旣云陳慰之文, 則文字自然如此耳.
書中多言邊事及本國孤危之情, 此不過難於發兵之張本70)也. 二

　　통역관이 되어 밀수도 하고 국가기밀도 팔며 후금의 앞잡이 노릇을 하는 간사한 모리
　　배이다.

66) 忽溫(홀온): 海西女眞이 스스로 '후룬'이라 부르며 '扈倫, 呼倫, 忽剌溫'과 함께 표기
　　하던 것 중의 하나. 이후 해서여진은 우라(烏拉), 후이파(輝發), 예허(葉赫), 하다(哈
　　達)의 네 부족으로 나뉘었다.

67) 陳慰(진위): 弔慰의 뜻을 표하여 아룀. 중국 명나라 神宗이 1620년 8월 18일 사망한
　　것에 대한 진위. 그런데《광해군일기》8월 13일조에는 奏聞使로 가 있던 李廷龜로부터
　　황제의 부고와 칙서를 받은 것으로 되어 있다.

68) 咨文(자문): 조선시대 중국과의 사이에 외교적인 교섭이나 통보, 조회할 일이 있을
　　때에 주고받던 공식적인 외교문서.

69) 詞臣(사신): 문사를 담당한 신하.

70) 張本(장본): 어떤 일이 크게 일어나게 되는 근원. 만일의 경우에 대비하여 남모르게
　　미리 꾸며 놓은 일.

百年臣事之國, 一朝遭變[71], 以至於喪亡疆場, 則陳慰之擧, 安得
以無之? 至如不共戴天云者, 此常用於君父之讎之言也。賊字則
天朝每用此字, 此則詞臣承天朝文字而書之者也。假使天朝遭我
國之患, 而此處以書陳慰, 則措語亦復如此耳, 何可以此深咎
也?"彦胡曰:"我等亦想這樣事情, 然措語亦太過耳, 旣往不必更
言。前頭若以誠相交, 則甚幸。"忠信願取咨文以還, 卽許之, 仍問
曰:"差官此來, 幾時復來乎? 若許通差, 兩國之幸, 尙何言哉? 勿
以汗之不見爲憾也。"以白金十兩·狐皮二令贈之, 所帶員役, 各
給銀一兩, 以爲路資。

臨發, 又送白馬一匹曰:"聞差官所乘之馬, 到此斃損, 故以劣
騎代步, 幸可騎去。前日小弄貴之去, 亦有馬斃之患, 貴國特給駿
馬一匹厚意, 至今不忘也。"忠信遂由鎭江路而還。

○是行, 忠信往返月餘, 行二千餘里。深入虜穴, 詳探虜中事
情, 無不詳探。蓋老酋有子二十餘人, 而將兵者六人。長[72]早亡,

---

71) 一朝遭變(일조조변): 1618년 후금의 撫順 공격을 지칭. 그에 따른 심양, 요양 등을
차지한 것을 염두에 둔 것이다.

72) 長(장): 누르하치의 적장자 褚英(Cuyeng). 누르하치의 적복진 원비 퉁야(佟佳氏,
Tunggiya)씨 소생이며, 다이샨(代善)의 친형이다. 1598년, 동해여진 와르카(瓦爾喀,
Warka)의 안출아퀴(安楚拉庫路, Anculakū) 부락을 공략하고, 누르하치로부터 큰 용
사(洪巴圖魯, Hūng Batueu)라는 칭호를 하사받았고, 1607에는, 와르카 표성을 공
략하고 귀환하면서 울아(烏拉, Ula)의 부잔타이(布占泰, Bujantai)의 병력 1만을 격파
하고, 책략이 많은 용사(阿兒哈兎土門巴圖魯, Argatu Tumen Baturu)의 칭호를 하사
받았다. 1612년, 누르하치는 본격적으로 울아 정벌을 시작하면서 추영을 집정으로 암

次盈哥⁷³⁾, 次洪太主⁷⁴⁾, 次亡可退⁷⁵⁾, 次湯古台⁷⁶⁾, 次加文乃⁷⁷⁾, 次阿之巨⁷⁸⁾也。貴盈哥, 特尋常一庸夫, 洪太主雖英勇超人, 內多猜忌, 恃其父之偏愛, 潛懷弒兄之計。其他四子, 無足稱者, 摠之非老酋之比也。有阿斗⁷⁹⁾者, 酋之從弟也。勇而多智, 超出諸將之右, 前後戰勝, 皆其功也。

바 버이러(Amba Beile, 大貝勒)에 봉하지만 형제와 개국오대신 등을 협박한 것이 탄로가 나서 실각했고, 후에, 존경받는 총명한 한(Sure Kundulen Han) 누르하치를 저주한 것이 측근들의 고발로 알려져 1613년 3월에 유폐된 뒤, 1615년 8월 22일에 처형되었다.

73) 盈哥(영가): 代善(Daišan, 1583~1648). 禮烈親王. 누르하치의 차남. 廣略貝勒 諸瑛(Cuyen, 1580~1615)의 친동생. 諸瑛이 요절했다. 어머니는 元妃 佟佳氏이다. 貴永介 또는 貴盈哥로도 표기된다.

74) 洪太主(홍태주, 1592~1643): 홍타이지[皇太極]. 시호 文皇帝. 태조 누르하치[奴兒哈赤]의 여덟째아들. 1626년 태조가 죽자 後金國의 칸(汗)으로 즉위하고 이듬해 天聰이라 改元하였다. 1635년 내몽골을 평정하여 大元傳國의 옥새를 얻은 것을 계기로 국호를 大淸이라 고치고, 崇德이라 개원하였다. 1636년에는 명나라를 숭상하고 청나라에 복종하지 않는 조선을 침공하였으며, 중국 본토에도 종종 침입하였으나, 중국 진출의 꿈을 이루지 못한 채 죽었다.

75) 亡可退(망가퇴): 莽古爾泰(Manggoyltai, 1587~1633). 누르하치의 정실 자식으로는 차남이고 정실과 측실의 구분 없이는 5남이다. 어머니는 繼妃 富察氏이다. 忘介土, 亡介土, 亡可土로도 표기된다.

76) 湯古台(탕고대): 鎭國克潔將軍 湯古代(Tanggoydai, 1585~1640). 누르하치의 측실 자식으로는 둘째아들이고 정실과 측실의 구분 없이는 4남이다. 어머니는 庶妃 鈕祜祿氏이다. 湯古太로도 표기된다.

77) 加文乃(가문내): 미상.

78) 阿之巨(아지거): 罷英親王 阿濟格(Ajige, 1605~1651). 누르하치의 정실 자식으로는 8남이고 정실과 측실의 구분 없이는 12남이다. 어머니는 孝烈武皇后 烏拉那拉氏이다. 阿之阿貴로도 표기된다.

79) 阿斗(아두): 미상.

　酋嘗密問曰: "諸子中, 誰可以代我者?" 阿斗曰: "知子莫如父, 誰敢有言?" 酋曰: "第言之." 阿斗曰: "智勇俱全, 人皆稱道者, 可." 酋曰: "吾知汝意之所在也." 蓋指洪太主也. 貴盈哥聞此, 深銜之, 後阿斗密謂貴盈哥曰: "洪太主與亡可退‧阿之巨將欲圖汝. 事機在迫, 須備之." 貴盈哥見其父而泣, 酋怪問之, 答以阿斗之言. 酋卽招三子問之, 曰: "自言無此." 語甚詳悉, 酋責問阿斗以爲交構兩間, 鎖杻而囚之密室, 籍沒家貨, 酋之弃阿斗, 是自壞其長城也.

　其兵有八部, 二十五哨爲一部, 四百人爲一哨. 一哨之中, 別抄百‧長甲百‧短甲百‧兩重甲百. 別抄者, 着水銀甲, 萬軍之中, 表表易認, 行則在後, 陣則居內, 專用於決勝. 兩重甲, 用於攻城‧塡壕. 一部兵凡一萬二千人, 八部大約九萬六千騎也. 老酋自領二部, 一部阿斗嘗將之, 黃旗無劃; 一部大舍將之, 黃旗畵黃龍. 貴盈哥領二部, 一部甫乙之舍[80]將之, 赤旗無劃; 一部湯古台將之, 赤旗畵靑龍. 洪太主領一部, 洞口魚夫將之, 白旗無畵; 亡可退領一部, 毛漢那里將之, 靑旗無畵. 酋姪阿民太主[81]領一部, 其弟者送哈[82]將之, 靑旗畵黑龍; 酋孫斗斗阿古[83]領一部, 羊古

80) 甫乙之舍(보을지사): 博爾晉. 完顏氏로 누르하치의 거병 초기에 귀부하여 牛錄額眞 (niru ejen)에 임명된 인물.

81) 阿民太主(아민태주): 누르하치의 동생 Shurgachi(슈르가치, 小乙可赤, 舒爾哈赤)의 차남 阿敏. 4대 貝勒의 하나이다. 정묘호란 때 조선을 쳐들어온 인물이다.

82) 者送哈(자송합): 슈르가치의 6남으로 濟你哈朗(1600~1655)인 듯.

83) 斗斗阿古(두두아고): 누르하치의 장남 褚英의 장자 安平貝勒 杜度.

有將之, 白旗畫黃龍。統司·哨隊, 亦各有旗, 而有大小之分, 軍
卒則盔上, 有小旗以爲認。

　每部各有黃甲二統[84]·靑甲二統·紅甲二統·白甲二統, 臨戰則
每隊有押隊[85]一人佩朱箭, 如有喧呼亂次, 獨進獨退者, 卽以朱
箭射之。戰畢查驗, 背有朱痕者, 不問輕重而斬之。戰勝則收拾
財畜, 遍分諸部, 功多者倍一分。

『《光海君日記》十三年 九月 十一』

---

84) 統(통): 후금의 군사편제 단위. 대장 밑에 5개의 위가 있고, 衛마다 각각 5개의 부가
　　있다. 합계 25부다. 또 부마다 4개의 統이 있다. 모두 100통이다. 기병이 2통인데 한
　　통은 전투를 맡고 한 통은 주둔한다. 보병도 2통인데 한 통은 전투를 맡고, 한 통은
　　주둔한다. 병졸의 수가 적어서 隊의 수를 채우지 못할지라도 4통의 명칭은 없애지 못
　　하며, 병졸이 많아서 한 통의 인원수가 隊와 旅의 인원수를 넘을지라도 4통의 명칭을
　　더 불리지 못한다. 5명이 伍가 되고, 25명이 隊가 되고, 125명으로써 旅를 이룬다.
85) 押隊(압대): 감독관. 전장에서 소극적이거나 독단적인 행동을 하는 병사들을 살폈다
　　가 전쟁 후에 즉각 사형에 처해버리는 임무를 지니고 있다. 재촉관의 領催(boxokv)와
　　비슷하다.

오랑캐 나라의 사행을 받들면서 이를 천조에 주달하고 모문룡 진영에 자문으로 알리기를 청하는 상소
(1621년 만포에 있을 때)

삼가 아뢰건대, 건주(建州) 오랑캐가 감히 해를 쏘고 분수에 넘치게도 연호까지 쓰기에 이르렀고 이미 상국(上國: 명나라)을 점차로 공략하고 있습니다. 또 동쪽으로 짖으며 물려고 서로 신사(信使: 사신)의 왕래를 요구하기도 하고 국경 지방에 개시(開市)를 청하기도 하여 우리를 시험하며 쥐락펴락하는 데에 그 극단을 쓰지 않는 바가 없사옵니다. 근자에 천병(天兵: 명나라 군대)이 군율을 잃고 퇴각해 머무르고 있는 곳이 자못 멀어 상국(上國: 명나라)의 지원을 이미 힘입을 수가 없는 데다 또한 오랑캐를 견제할 수 있는 계책[羈縻之計]을 세울 수가 없으니, 별다른 계책 없이 나가니 성상(聖上)께서 염려하시는 것 또한 이러한 데서 비롯되었을 것으로 여겨지옵니다. 그리하여 신이 보잘것없는 것을 알지 못하시고 신을 오랑캐의 진영으로 갈 사신으로 삼으셨으니, 신(臣)은 오로지 마땅히 명을 들은 즉시 출발해서 밤낮으로 게을리 하지 않아야 하나, 눈앞의 급한 일을 해결하고자 할 따름이옵니다. 묘당(廟堂: 의정부)의 일까지 사신이 아는 것은 없지만, 과부가 베 짜는 북의 실이 끊어질 것은 걱정하지 않고 오직 천자의 나라인 주(周)나라만을 걱정했다고 하니, 신(臣) 또한 어찌 구구할지라도 충성심이 없겠사옵니까? 삼가 생각건대, 세상의 일이 말은 일치하더라도 의심하거나 믿는 데 있어서 다른 사람이 있사옵니다. 송(宋)나라의 부유한 사람이 담장을 쌓았던 것이 바로 그 예입니다. 이제 신(臣)이 오랑캐의 진영으로 가는 것은 자객이나 간사한 자가 아니라서 이치상 그 종적을 숨기기는 어렵사옵니다. 온 요동(遼東)의 땅에 어찌 한두 명이라도 명나라를 사모하는 자가 소문을 누설하여 모문룡(毛文龍) 장군에게 미치도록 하는 것이 없겠습니까? 지금 모문룡이 우리나라의 변경에 가까이 머무르고 있는데, 날마다 그는 자신이 원하는 바와 걸맞지 않게 우리가 오랑캐와의 관계가 깊어질까 바라보고 있사옵니다. 그러니 만일 그 말을 종잡을 수 없게 하여 의혹을 중조(中朝: 명나라 조정)에 유포해 오로지 가까이하려 하지 않는 마음이 있는데 시기하는 자의 말까지 듣게 되면, 반드시 그 아들은 지혜롭다 여기고 그 이웃 노인을 의심하는 것처럼 할 것이며, 증자(曾子)의 어머니가 베 짜던 북을 증자가 살인했다는 말이 세 번 이르기 전에 던져버리고 달아났던 것처럼 될 것이옵니다. 이제 신(臣)이 저들에게 도착했는데, 만일 국가의 위엄[國家之靈] 때문에 오랑캐가 마음을 낮추고 들어준다면, 신(臣)은 우선 시종일관 천조(天朝: 명나라)를 저버릴 수 없는 의리를 말한 뒤, 어진 사람을 가까이하고 이웃과 사이좋게 지내는 도리를 부지런히 혹은 과격하게 말거나 혹은 달래거나 하면서 여러 말을 낮추었다 높였다 하며 임기응변으로 대처하여 그의 환심을 얻도록 힘쓰겠습니다. 만일 오랑캐가 늑대 같은 노여움으로 신(臣)의 몸에 폭행을 가한다면, 신(臣)은 더욱 충의의 기개를 떨칠 것입니다. 만약 천조(天朝: 명나라)를 위한 계책을 지닌 것이 성상께서 지성으로 대국을 섬기는 충정(忠貞)을 끝내 해와 별처럼 환히 드러나게 한다면, 이것은 신(臣)이 구구할지라도 만분의 일이나마 보답하는 것이옵니다. 엎드려 바라옵건대, 성상(聖上)께서 신(臣)으로 하여금 후금을 정탐하도록 보내는 뜻을 빨리 한편으로는 천조(天朝: 명나라 조정)에 아뢰고 다른 한편으로는 모문룡에게도 게첩(揭帖)을 보내소서. 일은 모름지기 공명정대함이 있을 것이고 한 터럭만큼이라도 후회를 남기지 않을 것이니, 훗날 천조(天朝)의 구설수를 면하게 할 수 있을 것이옵니다. 신(臣) 또한 묘당(廟堂: 의정부)의 대책이 반드시 이러한 것에서 벗어나지 않았을 것으로 아옵고, 삼가 참찬(參贊) 신하에게 내리신 유지(有旨: 왕명서)의 내용을 보니, 신(臣)과 실행방법을 의논토록 하면서 "모문룡(毛文龍) 장군이 만약 정충신(鄭忠信)이 들어갔다 오려는 사실을 알면 혹여 가로막으며 일을 일으킬 염려가 없지 않으니, 경(卿)은 매우 비밀리에 기회를 엿보아 자취를 감추도록 하여 보내라."고 했사옵니다. 신(臣)의 어리석은 생각으로는 마음에 의심이 없을 수가 없으니, 감히 외람되어도 절박한 사정을 아뢰옵니다. 군주(君主)께서 모문룡 장군에

게 말하지 않고 기필코 신(臣)의 자취를 감추도록 하여 보낸다면,
신(臣)은 비록 만 번 죽는다 해도 끝내 감히 명을 받들 수 없사옵니
다. 신(臣)은 어찌할 길이 없사와 작두 위에 엎드려 목을 길게 빼고
서 부월(斧鉞)이 이르기를 기다리오니, 삼가 죽음을 무릅쓰고 아뢰
옵니다.

奉使虜庭請奏聞天朝移咨毛鎭疏(辛酉, 在滿浦時)

伏以建虜射天[1], 至僭年號, 旣以荐食[2]上國。又欲東吠, 或要
信使相聘, 或請關上開市[3], 試我捭闔[4], 無所不用其極。迺者[5]天
兵失律, 退舍頗遠, 旣不能賴上國之援, 又不爲羈縻之計, 則出於
無策, 聖慮所在, 亦出於此。不知臣無狀, 以臣爲虜庭之使, 臣唯
當聞命卽行, 夙夜匪懈, 以舒目前之急而已。至於廊廟之事, 非使
人之所知, 然而嫠婦不恤其緯, 惟宗周是憂[6], 臣亦豈無區區犬馬

---

1) 射天(사천): 존엄한 윗사람에게 함부로 범하는 것을 지칭한 말.
2) 荐食(천식): 차츰차츰 잠식함.
3) 開市(개시): 시장을 열어 물건을 사고팔기 시작함. 조선 시대 다른 나라와 교역을
   하기 위하여 연 시장이다. 北關開市·倭關開市·中江開市 등이 있었다.
4) 捭闔(패합): 열고 닫음. 마음대로 요리함. 임기응변으로 대응함.
5) 迺者(내자): 요즘. 近者.
6) 嫠婦不恤其緯, 惟宗周是憂(이부불휼기위, 유종주시우):《春秋左氏傳》昭公 24년의
   "과부가 베 짜는 북실이 끊어질 것은 걱정하지 않고서 천자의 나라인 주나라가 망할
   것을 걱정한다는 말이 있는데, 이는 그 재앙이 자기에게도 미칠 것이라고 여겨서이

之誠[7]? 竊念天下事, 言之則一致, 而有疑信不同者存。宋富民之
築墻, 是也。今臣之行, 旣非刺客姦人, 理難匿跡。全遼一地, 豈
無一二思漢者, 走漏消息, 以及於毛將也? 卽今文龍壓在吾境, 日
以不稱其所欲, 望我方深。若變幻其辭說, 傳誤於中朝聽聞, 則以
不專之心, 聽忌者之說, 必智其子而疑隣翁, 參母之杼, 不待三至
而投也。今臣到彼, 若以國家之靈, 伊虜能降心而相聽[8]也, 臣先
言其終始不可背天朝之義, 勉以親仁善隣[9]之道, 或激或說, 低昂
辭說, 隨機應變, 務得其歡心。如其狼怒加暴於臣身, 臣益激忠義
之氣。若將爲天朝計者, 而使聖上至誠事大之忠貞, 終若日月之
昭揭者, 此臣區區報答之萬一。伏願聖明, 亟將送臣偵探之意, 一
邊敷奏天朝, 一邊移揭於毛文龍。事須有光明正大, 無一毫遺悔,
以免他日天朝煩舌焉。臣亦知廟堂成算必不出此, 而竊見贊臣以
有旨事意, 行會[10]於臣者曰: "毛將若知鄭忠信入往之事, 或不無

　　다.(縶不恤其緯, 而憂宗周之隕, 爲將及焉。)"에서 나온 말.

　7) 犬馬之誠(견마지성): 개나 말의 정성이라는 뜻. 임금이나 나라에 바치는 충성을 낮추
　　어 이르는 말이다.

　8) 降心而相聽(항심이상청):《春秋左氏傳》僖公 28년에, 衛나라 甯武子가 이제 국가의
　　운명이 호전될 전망이 보인다면서 "하늘이 사람들에게 성심을 갖도록 유도하여 모두
　　겸손하게 마음을 낮추고 서로 의좋게 지내도록 하였다.(天誘其衷, 使皆降心以相從
　　也。)"라고 말한 대목을 염두에 둔 표현.

　9) 親仁善隣(친인선린):《春秋左氏傳》隱公 6년의 "仁者를 가까이하고 이웃나라와 사이
　　좋게 지내는 것이 나라의 보배이다.(親仁善隣, 國之寶也。)"에서 나오는 말.

10) 行會(행회): 정부의 지시나 명령을 전달하고 그 실행 방법을 토의하기 위한 벼슬아치
　　들의 모임.

阻梗生事之患, 卿其十分祕機, 潛形而送."臣之愚慮, 不能無疑
於心, 乃敢冒陳危懇。君不言於毛將, 而必欲以臣潛形而送, 則臣
雖萬被誅戮, 終不敢奉命焉。 臣不勝伏質[11]引頸以待斧鉞之至,
謹昧死以聞。

『《晚雲集》卷二〈疏〉』

---

11) 伏質(복질): 칼도마 위에 엎드림. 작두 위에 엎드림.

부록

장군 정충신전

최창대(1669~1720)

장군 정충신(鄭忠信)은 호남의 광주(光州) 사람이다. 자는 가행(可行)이며, 고려의 명장 정지(鄭地)의 후손이다. 정충신은 처지가 한미하게 태어나 어려서 절도영(節度營)에 속한 정병(正兵)이었고 부(府)에 예속된 지인(知印: 通引)을 겸하였다.

만력(萬曆) 임진년(1592)에 왜구가 대거 침입하자, 선조(宣祖)가 의주(義州)로 피란하였다. 이때를 당하여 광주목사(光州牧使) 권율(權慄)이 순찰사로 승진되어 군사를 일으켜 왜적을 토벌하였는데, 장차 전쟁에 관계된 일을 알리려는 장계(狀啓)를 행재소(行在所)에 전달할 자를 모집하였으나, 아무도 응모하는 사람이 없었다. 정충신이 분연히 가기를 청하니, 이때 나이가 17세였다. 당시 적병들이 길에 가득하였으나, 정충신은 혼자 몸으로 칼을 잡고 떠나 행재소의 조정에 장계를 전달하였다.

이때 오성(鰲城) 이항복(李恒福)이 병조판서였는데, 아랫사람에게 말했다.

"이 아이가 멀리서 와서 머물러 있을 곳이 없으니, 나에게 있도록 하라."

이렇게 하여 머물러 있게 하면서 의복과 음식을 대주며 사서(史書)를 가르쳤다. 정충신(鄭忠信)은 민첩하고 총명하여 남보다 뛰어나 글의 뜻에 대한 이해가 날로 발전하였고, 무슨 일이든지 어려워하지 않았다. 이공(李公: 이항복)은 이를 크게 기뻐하여 정충신을 아끼는 것이 아비와 자식 같았다.

이해 가을에 행재소(行在所)의 조정에서 실시한 무과에 급제하였다. 주상(主上)이 오성(鰲城: 이항복)에게 말했다.

"경(卿)이 일찍이 정충신의 재주를 일컫더니만, 오늘 무과에 급제했소이다. 불러와서 보고 싶소."

그리하여 알현하게 되자, 주상이 칭찬하여 말했다.

"나이가 아직 어리지만, 자라면 크게 쓰일 것이로다."

여러 번 장만(張晩)을 따라 보좌하였는데, 장공(張公: 장만) 역시 정충신을 아끼고 대우하였다. 또 오윤겸(吳允謙)을 따라 일본을 다녀오기도 하였다. 여러 벼슬을 거쳐 창주 첨사(昌洲僉使)에 이르니, 있는 곳마다 명성이 널리 알려졌다. 광해군(光海君) 때는 오성공(鰲城公: 이항복)이 폐모론(廢母論)을 항의하고 간쟁하다가 북변(北邊: 북청)으로 유배를 가서 죽었다. 정충신이 따라갔다가 상복을 구비하여 마음으로 삼년상을 마쳤다.

정충신은 몸집이 자그마했으나 눈이 샛별처럼 빛났으며, 용모와 자태가 아름답고 언변이 영특하게 과감하며, 기백과 의리가 훌륭

한데다 일을 헤아리기를 잘하여 부합하는 것이 많았다. 조정에서
는 정충신(鄭忠信)을 파견하여 건주 오랑캐[建州虜: 후금]의 실정을
정탐하려고 하였다. 이때 모문룡(毛文龍)은 가도(椵島)에 주둔하면
서 황조(皇朝: 명나라)를 빙자하여 거듭 재물을 빼앗고 토색질하는
것이 무도하였는데, 이때 우리의 움직임을 꺼려하였다. 조정은 의
심을 받을까 두려워 정충신에게 몰래 가도록 명을 내리자, 정충신
이 말했다.

"이는 의심을 받지 않으려다 일이 끝내 발각되면 도리어 의심과
모함을 받게 될 것이오."

바로 상소를 올려 말했다.

「신(臣)은 자객이나 간사한 자가 아니라서 이미 그 종적을 숨길
수 없사옵니다. 온 요동(遼東)의 무리가 어찌 한 명이라도 모문룡
에게 달려가 누설하는 자가 없겠사옵니까? 게다가 모문룡은 우리
들에게 바라는 것이 싫증내지 않을 정도로 지나치기 때문에 도리
어 그 사실을 뒤집어 황조(皇朝: 명나라 조정)에 우리를 무고한다
면, 신(臣)은 증자(曾子)의 어머니가 베 짜던 북을 증자가 살인했다
는 말이 세 번 이르기 전에 던져버리고 달아났던 것처럼 할까 염
려됩니다. 신(臣)이 청하건대, 천조(天朝: 명나라 조정)에도 아뢰고
모문룡의 진영(鎭營)에도 첩문(帖文)을 보내면 일이 명백해져서
후회가 없게 될 것입니다. 그렇지 않으면 신(臣)은 비록 죽임을
당해도 감히 명을 받들 수 없사옵니다.」

　조정에서는 정충신(鄭忠信)의 상소를 옳다고 여기고서 경략부(經略府)에 자문(咨文: 외교공문서)을 보내고 모문룡(毛文龍) 진영에도 첩문(帖文)으로 알렸다.

　그런 다음에야 사행길을 나서서 이미 오랑캐 땅으로 들어가서는, 여러 대추(大酋: 우두머리)들과 이야기를 나누었다. 이에 여러 대추(大酋)들이 모두 감복하고는 또 정충신에게 물었다.

　"그대의 나라에서는 매번 우리를 일컬어 도적이라고 하는데 무엇 때문인 것이오?"

　대답했다.

　"그대들이 천하를 도적질하려는 마음을 가졌으니, 도적이 아니고 무엇이란 말이오?"

　여러 대추(大酋)들이 크게 웃었다. 그리하여 정탐하고자 했던 그 요체를 모조리 얻어서 돌아왔다. 그리고 사람들에게 말했다.

　"이 오랑캐들은 장차 천하의 걱정거리가 될 것인데, 어찌 다만 우리나라만의 근심이겠소?"

　만포 첨사(滿浦僉使)에 발탁되었다가, 평안도 병마우후(平安道兵馬虞候)로 전보되었다.

　계해년(1623) 인조(仁祖)가 왕위에 올랐을 때, 안주 목사(安州牧使)에 임명되었고 방어사(防禦使)를 겸하였다. 얼마 안 되어 이괄(李适)이 반란을 일으켰다. 당시에 장공(張公: 장만)은 도원수(都元帥)가 되어 평양(平壤)에 진을 치고, 이괄(李适)은 부원수가 되어 영변(寧

邊)에 진을 쳐 북방의 오랑캐를 대비하였다. 이괄은 용맹한 장수로서 평소에 용병을 잘하는 것으로 일컬어졌는데, 정예병 수만 명과 검술에 능한 항왜(降倭: 임진왜란 시 투항한 일본인)들을 모두 휘하에 두고 있었다. 이괄은 새로이 원훈(元勳: 1등 공신)을 책훈할 때 자신에게 내려진 벼슬과 포상이 대등하지 않은 것에 분개하고 몰래 역모를 꾀하고 있었던 것이다. 그의 도당인 문회(文晦)가 역모를 알렸다. 이괄은 마침내 자신의 아들 이전(李旃)을 잡아오라는 명을 받든 선전관(宣傳官: 김지수)과 금부도사(禁府都事: 고덕률·심대림)를 참하고 구성부사(龜城府使) 한명련(韓明璉)과 약속하고 군사를 동원해 반란을 일으켰다.

어떤 사람이 도원수 장만(張晚)에게 말했다.

"정충신(鄭忠信)이 이괄과 친하니, 적도에게 협조하지 않았겠습니까?"

도원수가 말했다.

"그 자가 어찌 임금을 배신하고 적도를 따를 사람이겠는가? 이제 올 것이네."

말이 끝나자마자 정충신이 도착하였다. 종사관 김기종(金起宗)이 말했다.

"안주(安州)는 요충의 군진(軍鎭)이니, 굳건히 성을 지켜 반적으로 하여금 동쪽으로 나오지 못하게 하는 것이 직분입니다. 그런데 마음대로 성을 버리고 왔으니, 의당 죄가 있습니다."

이괄의 난 진행도

도원수가 즉시 정충신(鄭忠信)을 나무라고 장차 방문(榜文)을 붙이려고 하자, 정충신이 말했다.

"반적의 뜻은 빨리 나아가는데 있으니 반드시 안주(安州)를 경유하지 않을 것이요, 설사 안주를 경유한다 해도 성을 지킬 만한 군사가 없으니 헛되이 죽어서는 아무런 소용이 없습니다. 때문에 휘하에서 명을 따르고자 왔으니, 가고 머무르는 것은 오직 명령대로 하겠습니다."

그리하여 도원수가 정충신(鄭忠信)을 이끌어 앞히고 물었다.

"지금 반적의 계책이 장차 어떻게 나오겠는가?"

정충신이 말했다.

"저들에게는 상중하 세 가지 계책이 있습니다."

도원수가 말했다.

"무엇을 세 가지 계책이라 하는가?"

정충신이 말했다.

"가령 반적이 새로 일어나 날랜 기세를 타고 곧장 한강(漢江)을 건너 진격해 대가(大駕)를 핍박한다면 안위를 알 수 없으니 이것이 상책(上策)입니다. 양서(兩西: 해서와 관서)를 점거하고 모장(毛將: 모문룡)과 결탁하여 위엄과 기세로 삼으면 조정에서 또한 쉽게 제어하지 못할 것이니 이것이 중책(中策)입니다. 샛길을 따라 경도(京都: 한양)로 재빨리 나아가면 앉아서 빈 성을 지키는 것밖에 능히 할 수 있는 것이 없을 뿐이니 이것이 하책(下策)입니다."

도원수가 말했다.

"자네가 계책을 세운다면 마땅히 어떤 계책을 내겠느냐?"

정충신(鄭忠信)이 말했다.

"이괄(李适)이 날래긴 하나 계략이 없으니 반드시 하책을 낼 것입니다."

정충신이 임지로 돌아가는데 미처 안주(安州)에 도착하기도 전에 반적이 이미 샛길로 나갔다는 말을 듣고 문서로 청했다.

> 「안주가 이미 반적의 후방에 있어 성을 지킬 필요가 없으니, 막하로 가서 지휘 받기를 원합니다.」

도원수가 이를 허락하였다. 이괄은 정충신이 도원수를 따른다는 말을 듣고 낙심하여 두려워하는 기색이 있었다. 여러 장수들의 능력 유무를 하나하나 열거하며 모두 쉽게 여겼지만, 정충신에 이르러 말했다.

"이 사람은 가벼이 넘볼 수가 없소."

이때 도원수가 출병하려는데, 어떤 사람이 말했다.

"오늘은 직성(直星: 운수의 별)이 칠살(七殺: 凶星)이니 병가(兵家)에서 꺼립니다."

정충신이 말했다.

"어찌 부모가 병환이 있다는 말을 듣고도 날을 택해 가는 자가 있겠는가? 게다가 명분이 바른 군대는 사기가 왕성하다고 했으니, 어찌 점술에 얽매이겠는가?"

여러 사람들이 감복하였다. 이에 도원수는 정충신(鄭忠信)을 선봉대장(先鋒大將)으로, 남이흥(南以興)을 계원대장(繼援大將)으로 삼았다. 남이흥이란 자는 또한 당시 명장이었다. 그는 담력과 지략이 남보다 뛰어났으며, 그의 사위 류효걸(柳孝傑)은 용맹이 전군 가운데 으뜸이었는데, 둘 다 죄를 지어 옥에 갇혀 있었다. 도원수가 관서로 출병하며 주상(主上)에게 그들의 능력을 크게 칭찬하여 말했다.

"나라의 위기가 이와 같은데, 어찌 몇 자 정도의 썩은 부분이 있다고 하여서 방패 같고 성 같은 든든한 장수를 버리시겠나이까?"

주상은 이 말을 옳게 여겨 거듭 풀어주고, 아울러 그날로 종군하게 하였다. 남이흥은 명가의 자제로서 스스로 호걸이라 여기고 남에게 지기 싫어하였는데, 평소에 정충신을 신분이 천하고 하찮다고 가볍게 여기다가 그와 함께 같이 가게 된 것을 수치스럽게 여겼다. 이로 말미암아 두 사람은 사이가 나빠져 더불어 한 자리에 앉아 말하지도 않았다. 도원수가 두 사람을 불러 앉히고는, 나라를 먼저 하고 개인적인 감정을 뒤로하라면서 깨우치며 충의(忠義)로 격려하였다. 두 사람은 도원수의 말에 크게 감동하여 깨달아서 평생의 친구처럼 서로 손을 맞잡고 즐겁게 술을 마신 뒤 형제가 되기로 약속하고 마침내 큰 공을 이루기로 하였다. 여러 사람들은 모두 도원수의 사람을 알아보는 능력에 감복하였고, 두 장수의 개인적인 감정이 풀린 것을 훌륭하게 여겼다.

그리하여 반적을 추적하는 길에 나섰는데, 황주(黃州)의 신교(薪橋)에서 반적을 마주쳤으나 전세가 불리하자 다시 추적하여 파주(坡州)에 이르렀다. 이때를 당하여 인조(仁祖)는 이미 남쪽으로 공주(公州)에 파천하였다. 이괄(李适)은 경성(京城: 한양)에 들어가서 경복궁(景福宮)에 주둔하고 흥안군(興安君) 이제(李瑅)를 추대하여 분수에 넘치게도 왕이라 칭한 뒤, 이충길(李忠吉)을 대장으로 삼아 경복궁을 호위하게 하였다. 이에, 도원수는 여러 장수들을 모아 일을 의논하니 의견이 분분하였는데, 정충신(鄭忠信)이 큰 소리로 말했다.

"이미 힘을 합쳐 반적을 격파하지 못하고 반적이 경도(京都: 한양)를 침범하여 주상께서 도성을 떠나 피란하셨으니, 우리들의 죄는

죽어 마땅합니다. 승패를 논하지 말고 한번 싸우는 것을 어찌 그칠
수 있겠습니까? 장차 북산(北山)을 먼저 점거하는 편이 승리할 것이
니, 이제 안령(鞍嶺: 길마재)을 차지하여 진을 치고 도성(都城)을 내려
다보며 압박을 가하면, 반적들은 싸우지 않을 수 없을 것이고 싸우
려 해도 올려다보며 공격해야 할 것입니다. 우리는 높은 곳에 올라
서 편하게 틀림없이 저들을 격파할 수 있을 것입니다."

남이흥(南以興)이 말했다.

"충신의 계책이 훌륭합니다."

그러자 도원수는 정충신의 계책을 따랐다.

정충신이 앞서서 가고 모든 군사가 그 뒤를 이었다. 도원수가
영을 내려 천천히 말을 몰며 형편을 살피도록 하였으나, 정충신(鄭
忠信)은 도리어 군중(軍衆)에 소리쳤다.

"도원수께서 영을 내리시어 빨리 진군하기를 독촉하셨으니, 채
찍을 치켜 올려서 빨리 달리고 진격하라."

경기 순찰사(京畿巡察使) 이서(李曙)가 도원수에게 서찰을 보냈다.

「반적들이 이미 도성을 점거하였으니 쉽게 공격할 수가 없사옵
니다. 공(公: 도원수 장만)은 서쪽에 있고 우리는 동쪽에 있으니 적
들의 식량보급로를 끊으면, 적들은 필시 궁지에 빠질 것입니다.
남군(南君)을 기다렸다가 그들과 협력하여 토벌하면, 일이 조금도
빈틈이 없을 것입니다.」

여러 사람들이 옳다고 여겼으나, 연양(延陽) 이시백(李時白)이 말했다.

"그렇지 않습니다. 반적들이 도성에 하루라도 더 머물러 있으면 모이는 무리들이 더 많아질 것이니, 질질 오래 끄는 전략이 무슨 도움이 되겠습니까? 이제 순리를 거스르고 형세가 달라진 데다 군사들이 마음으로 모두 분개하니, 마땅히 그들이 안정되기 전에 날랜 기세를 타고 재빨리 쳐야 합니다."

도원수가 말했다.

"그 말이 옳도다. 또 마땅히 어떻게 해야겠는가? 지금 당장 정충신(鄭忠信)에게 명을 전해야 하는데, 어디에서 지휘하도록 하는 것이 마땅하겠는가?"

이시백(李時白)이 말했다.

"저는 정충신의 사람됨을 아는데, 반드시 이미 안령(鞍嶺: 길마재)에 올랐을 것입니다."

조금 있다가 앞서간 군대가 이미 안령에 도달했다는 보고가 왔다. 도원수가 놀라며 연양(延陽: 이시백)에게 말했다.

"정충신은 정말 용감하도다. 정충신의 마음을 그대는 과연 알고 있도다."

정충신은 먼저 날랜 기병 수십 명으로 하여금 남몰래 안령으로 올라가서 봉화를 든 역도의 졸개를 사로잡고 평소처럼 봉화를 들도록 하였다. 날이 저물어 어두워지자, 모든 군대가 차례로 도착하여

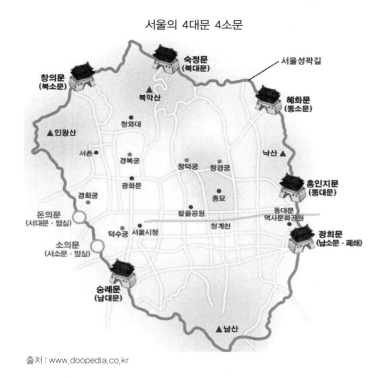

서울의 4대문 4소문

숙정문 (북대문)

서울성곽길

창의문 (북소문)

북악산

혜화문 (동소문)

청와대

인왕산

서촌

낙산

경복궁

창덕궁 창경궁

광화문

경희궁

종묘

흥인지문 (동대문)

돈의문 (서대문·멸실)

탑골공원

덕수궁 서울시청

동대문 역사문화공원

청계천

소의문 (서소문·멸실)

광희문 (남소문·폐쇄)

숭례문 (남대문)

남산

출처 : www.doopedia.co.kr

마침내 진을 펼쳤다. 정충신과 이희건(李希建) 등은 안령의 남쪽에
진을 쳐 선봉 진영이 되었고, 남이흥(南以興)과 변흡(邊潝) 등은 동쪽
진영이 되었고, 김완(金完) 등은 서쪽 진영이 되었고, 신경원(申景瑗)
등은 후방 진영이 되었고, 황익(黃瀷) 등은 중견(中堅: 중앙의 진영)이
되었는데, 별도로 정예군 수백 명을 보내어 상암(裳巖)에 잠복해 창

의문(彰義門)을 방어하도록 하였다.

다음날 아침 반적들은 이러한 사실을 알게 되었다. 어떤 사람이 이괄에게 말했다.

"정예군은 모두 정충신(鄭忠信)에게 속해 있는데 도원수는 고군(孤軍: 지원이 없는 부대)을 거느려 벽제(碧蹄)에 있으니, 북소리 한 번에 사로잡을 수만 있으면 곧바로 도원수는 무너질 것이고 선봉 군대[前軍]는 달아날 것입니다."

이괄(李适)이 관군 선봉대의 수가 적은 것을 보고 말했다.

"저들을 멸하는 것은 쉬운 일이니, 여러 말 하지 말라."

그리고 명령을 내렸다.

"저들을 격파한 뒤에 아침밥을 먹으리라."

그 즉시 성문을 열고 출병해 두 갈래 길로 나뉘어 산을 포위하고서 오르기 시작했다. 한명련(韓明璉)이 선봉이 되어 곧장 관군의 선봉 진영으로 바싹 가까이 다가갔다. 이때 동풍이 급하게 불어왔는데, 반적들은 그 바람을 타고 맹렬히 공격하니, 화살과 탄환이 비 오듯 쏟아졌다. 아군은 산 정상을 이미 차지하고서 모두 죽음을 각오하고 싸웠다. 바람이 갑자기 돌아서 서북풍이 크게 일었는데, 반적들은 그 바람이 부는 방향에 있어서 먼지와 모래를 온 얼굴에 뒤집어썼다. 관군은 기세를 더욱 떨치니 큰 싸움은 묘시(卯時: 아침 6시 전후)에서 사시(巳時: 오전 10시 전후)까지 이어졌다. 반적 장수 이양(李壤)이 탄환에 맞아 죽고, 한명련이 다리에 화살을 맞았다.

마침 이괄의 진영에서 순차를 바꾸어 깃발이 움직이자, 남이흥(南
以興)이 멀리서 바라보며 큰소리로 말했다.

"이괄의 진영이 무너졌다."

이에, 반적의 병사들이 크게 패해 달아나느라 자기편끼리 서로
짓밟히고 산골짜기에 떨어져 죽은 자가 이루 헤아릴 수가 없었고,
더러는 흩어져 서강(西江)과 마포(麻浦)로 달아났다. 관군은 승세를
타고 추격하였는데, 소리를 지르고 펄쩍펄쩍 뛰며 한 사람이 열
사람을 당해내지 않는 이가 없었다. 반적은 마침내 대패하였으니,
곧 갑자년(1624) 2월 11일이었다.

이때 도성의 백성들이 떼 지어 모여 서쪽 성에 올라 승패를 관망
하다가 마침내 돈의문(敦義門)과 서소문(西小門)을 닫아걸고서 반적
을 들이지 않았다. 이괄(李适)은 달아나다 남대문(南大門)을 통하여
성 안으로 들어갔다. 정충신(鄭忠信)이 추격하려 하자, 남이흥(南以
興)이 말했다.

"오늘의 승리는 하늘의 도움이네. 며칠이 지나지 않아서 두 반적
의 머리가 이를 것인데 구태여 끝까지 추격할 필요가 있겠는가?
성 안에는 일정하지 않은 길이 많으니, 반적들이 매복을 해놓아 만
일 득실이라도 있게 되면 어찌할 텐가?"

정충신이 말했다.

"질풍 같은 벼락소리에 귀를 막는데 이르지 못할 정도여야 하네.
이괄과 한명련(韓明璉)은 이미 간담이 서늘해져서 어느 겨를에 도모

하겠는가? 재빨리 추격하면, 광통교(廣通橋)를 지나지 못했을 것이
니 사로잡을 수 있을 것이네."

그러나 남이홍은 애써 만류하였다. 끝내 박진영(朴震英)을 보내
어 동교(東郊)에 매복해 있다가 반적을 맞아 싸우게 하였다. 반적들
은 밤에 병사들을 잠복시켜 놓고 수구문(水口門)으로 빠져 남쪽으로
도망갔다. 정충신(鄭忠信)이 류효걸(柳孝傑) 등을 거느리고 추격하여
경안역(慶安驛)에 이르자, 반적들이 멀리서 바라보기만 하고도 무너
져 흩어졌다. 그 다음날 이괄(李适)의 부하(部下: 이수백과 기익헌)가
이괄과 한명련(韓明璉)의 목을 베고 행조(行朝: 공주의 행재소)에 달려
가 바쳤다. 이제(李瑅: 흥안군)도 또한 체포되어 죽임을 당했다. 반
란을 일으킨 지 17일 만에 반적들이 평정되었다.

여러 장수들은 거가(車駕: 어가)를 맞이하기 위해 경성(京城)에 머
물렀으나, 정충신은 홀로 안주(安州)로 돌아가면서 말했다.

"나는 변방의 고을을 지키는 무신(武臣)으로서 속히 반적을 죽이
지 못하고 왕의 수레가 피난길에 오르게 하였으니, 그 죄가 적지
않소이다. 마땅히 임지로 돌아가서 어명을 기다릴 뿐이외다."

주상이 역마(驛馬)로 정충신을 불러들여 만나고 금을 하사하였
다. 마침내 일등공훈(一等功勳)에 책봉하여 갈성분위출기효력진무
공신(竭誠奮威出氣效力振武功臣)의 호를 내리고 금남군(錦南君)에 봉하
였다. 정헌대부(正憲大夫)로 승진시켜 평안도 병마절도사(平安道兵馬
節度使)에 발탁하였는데, 정충신이 글을 올려 고사하니, 주상이 대

답하였다.

"경(卿)은 재주도 있고 지략도 있어 비록 노추(奴酋: 누르하치)가 침입해 오더라도 오히려 담소하면서 처리할 수 있으니, 사양하지 말고 더욱 마음을 다하도록 하라."

정충신(鄭忠信)은 병으로 평안도 병마절도사를 그만두고 조정으로 돌아왔다.

정묘호란 때에 정충신은 별장(別將)이 되어 장공(張公: 장만) 체찰사의 막부(幕府)에 나아갔다. 그리고 대신들의 말을 받아들여져 군중(軍中)의 부원수(副元帥)가 되어 바야흐로 여러 도(道)의 병마를 징발해 방어책을 준비하였다. 마침 건주로(建州虜: 후금)가 강화(講話)를 맺고 물러갔는데, 정충신이 일찍이 신풍(新豐) 장유(張維)에게 말한 적이 있었다.

"오랑캐가 쳐들어오더라도 마땅히 강화(講和)를 맺은 뒤에는 갈 것이니 걱정할 것 없네."

과연 그의 말대로이었다. 그 후에도 서쪽 변경에서 모문룡(毛文龍) 진영이 군사를 일으킨다는 헛되이 놀라게 하는 보고가 있자, 주상이 놀라서 이에 대해 물으니, 정충신이 말했다.

"반드시 그러하지 않을 것이옵니다."

경오년(1630)에 오랑캐 대군이 쳐들어와서 의주(義州)에 주둔하였는데, 오랑캐 장수 용골대(龍骨大)가 날랜 기병을 이끌고 안주(安州)에까지 이르니 온 나라의 백성들이 떨면서 무서워하자, 정충신이 말했다.

"오랑캐들이 필시 크게 군사를 일으켜 서쪽으로 산해관(山海關)을 쳐들어가려는 것인데, 이렇게 되면 우리가 그들의 뒤에서 도모할까 염려한 것이니, 다른 걱정은 없을 것이다."

그 후에 모두 정충신(鄭忠信)의 말과 같았다. 여러 번 도총관(都摠管)과 비변사 제조(備邊司提調)를 겸하였는데, 정충신이 수차례 병을 앓자 주상이 그때마다 의원을 보내어 살펴보게 하였고 하사하는 것이 계속 되었다.

모문룡(毛文龍)이 죽자 진계성(陳繼盛)이 대신하였는데, 유흥치(劉興治)가 제멋대로 진계성을 죽이고 오랑캐와 내통하였다. 인조(仁祖)가 장차 군사를 일으켜 죄인을 토벌하고자 하면서 '누구를 장수로 삼을 만하겠는가?'라고 물었다. 정충신이 가겠다고 자청하니, 주상이 기뻐하여 말했다.

"경(卿)이 병을 무릅쓰고 몸을 바치려 하니, 내 다시 무엇을 걱정하겠소?"

정충신으로 하여금 수군을 거느리게 하고 총융사(摠戎使) 이서(李曙)로 하여금 보병과 기병을 거느리게 하여 바다와 육지로 동시에 진격하도록 명하였다. 정충신이 이미 도착하여 해상에서 병력을 떨치니, 섬의 무리들은 두려움에 떨었다. 마침 유흥치는 황제의 칙서를 받은 것이라며 핑계를 대고서 화친(和親)을 구하고, 명나라 경략(經略) 손승종(孫承宗)도 또한 자문(咨文: 외교공문서)를 보내어 놓아주기를 청하자, 주상이 이에 군대를 철수하도록 명하였다. 이 전쟁에서 군사가 미처 교전도 하지 않았지만 의기가 중국에까지 알려졌다. 그 후에 명나라 병부(兵部)가 자문(咨文)을 보내어 칭찬하였다.

「지난번 귀국이 유흥치(劉興治)를 섬멸하려고 도모하지 않았더라면 제노(齊魯: 산동성)가 거의 편안하지 못할 뻔했다.」

정충신(鄭忠信)은 서쪽 변경에 오랫동안 있었는데, 북방의 오랑캐 세력이 점점 번성하고 그 곁에는 가도(椵島)의 모문룡(毛文龍) 진영(鎭營)이 있어 우리의 변경으로 여러 차례 군사들을 거느려 들어온 적이 있는데도 나라에서 미리 대비함이 없었다. 정충신이 이를 깊이 우려하여 여러 차례 글을 올려 적절한 대비책을 논하였으니, 이러하다.

「오랑캐가 정묘년(1627)에 맹약을 받은 것은 우리가 능히 그들의 목숨을 마음대로 제어할 수 있었기 때문이 아니라, 다만 그들의 뜻이 황조(皇朝: 명나라)를 침범하고자 엿보는데 있었기 때문입니다. 비유하자면, 고라니를 쫓는 개는 이리처럼 뒤를 돌아보지 않는 것과 같을 뿐이옵니다. 저들은 이미 방자하여서 두려운 것이 없는지라, 만일 군사를 훈련하고 말을 배불리 먹이지 않으면 황조(皇朝)를 두려움에 떨게 하면서 반드시 요좌(遼左: 조선)에 납작 엎드리지 않고서 여년을 보낼 것이니, 이것이 우리나라의 시름거리입니다.

속히 세금을 걷어 군비를 증강하여서 미처 생각하지 못했던 사태에 경계하기를 꺼리지 않아야 하는데, 어찌하여 일절 머무적거리기만 하옵니까? 청하옵건대, 양서(兩西: 관서와 해서. 평안도와 황해도)의 큰 고을에 모두 산성(山城)을 쌓고 그 인근의 일부 고을에도 함께 성을 쌓아 협력해 수비하면서, 전쟁이 없으면 나가 경작을 하고 전쟁이 있으면 들을 깨끗이 없애버린 뒤 성에 들어가 보전하도록 하소서. 초도(椒島)·석도(席島)에 진(鎭)을 설치하고 다시 광량진(廣梁鎭)을 설치하여 해상방위를 튼실하게 하소서. 안주(安州)는 요충지로 지킬 만한 곳이고, 영변(寧邊)은 형세상 서로 이와 입술처럼 긴밀한 곳이니, 각기 장수를 배치하고 군비를 증강하소서. 한 상장군(上將軍)에게 명하여 양서(兩西: 관서와 해서)의 요충지에 부(府)를 개설하고 양도(兩道: 평안도와 황해도)의 병력을 덜어내어서 방어하는 데에 오로지 온 힘을 다하게 하면, 육도(六道)가 편안해져 백성들이 농사를 짓기를 즐거이 할 것이옵니다. 변방에 봉화가 한 번 올라서 팔로(八路: 八道)가 소란해지는 것보다는 낫지 않겠사옵니까? 전쟁이 생길 때마다 대거 삼남(三南: 영남, 호남, 호서)의 병력을 징발하여 멀리 서쪽 변방으로 가게 하지만, 변란을 구원하는 데에 미치지 못하고 징발 군사들이 오가면서 부질없이 백성들에게 소란을 피우는 폐를 끼치고 있사옵니다. 마땅히 각 도(道)에 명을 내려 해마다 3,000명 정도만 징발하여 안주(安州)에 수자리를 교대로 살게 하되 5년이 될 때 교체하게 하면, 각 도는 여유가 커지고 변방의 성은 항상 도움이 될 것이옵니다. 또 오랑캐는 우리가 그들에게 사신을 보내지 않아서 몹시 화를 낸다고 하지만, 이미 그들과 맹약을 맺었더라도 개돼지가 천리(天理)를 거스르는 것을 족히 함께 따지겠사옵니까? 그러나 속히 언변이 있는 자를 보내어 좋은 말로 그들의 원망을 잠재워야 할 것이옵니다.」

조정에서는 정충신(鄭忠信)의 건의를 모두 다 쓸 수 없었다.

이보다 앞서 오랑캐 장수 소도리(所道里)가 와서 세폐(歲幣: 공물)를 요구하였다. 주상이 여러 신하들을 불러 의논하였는데, 신하들 모두가 '들어주어서는 안 된다.'고 했으나, 김시양(金時讓)·이서(李曙)만이 말했다.

"예로부터 오랑캐와 화친을 맺으면 일찍이 세폐(歲幣)가 없었던 적이 없었습니다."

주상은 이를 따르지 않았다. 오랑캐 장수가 노하여 돌아갔는데, 회답사(回答使) 신득연(申得淵)이 심양(瀋陽)에 들어갔으나, 노추(老酋: 홍타이지)가 만나주지도 않고 국서를 받지도 않은 채 돌려보냈다. 이때 나라에 병사가 없고 오랑캐는 바야흐로 틈을 엿보고 있는데도, 조정의 신하들은 '오랑캐와의 화친을 끊어야 한다.'고 다투어 말하고 '청의(淸議: 고결한 의론)'라 하니, 대신들이 뜻을 굽혀 따랐다. 이 무렵 김대건(金大乾)으로 하여금 국서를 가져가게 했는데, 세폐(歲幣)를 거부하고 화친을 끊는다는 것이었다. 그리고 팔도의 병사들을 징집하여 강도(江都: 강화도)를 지키면서 변란을 대비하자고 의논하였다. 정충신은 체찰사(體察使) 김시양(金時讓)과 함께 안주(安州)에 있다가 이를 듣고 탄식하며 말했다.

"이는 재앙을 재촉하는 책략이다. 어찌 적이라 해서 아무런 생각 없이 왔겠는가? 우리 스스로가 저들을 불러들이는 것이니, 오랑캐 군사들이 김대건의 발꿈치를 뒤따라 올 것이다."

이에, 김대건(金大乾)을 국경에 머물러 있게 하고 함께 상소하였다.

「청하건대, 오랑캐에게 보내는 글을 고쳐서 변란을 일으키지 마소서.」

주상이 노하여 하교(下敎)하였다.

"김시양(金時讓)과 정충신(鄭忠信)이 그 목숨을 잃을까봐 함부로 사신을 머무르게 하고 조정을 지휘하려 드니 그들의 머리를 베어 여러 사람을 경계하지 않으면 조정의 위엄이 엄숙할 수가 없도다. 효시를 논하라."

여러 대신들이 말했다.

"이것은 전쟁터에서 실수하거나 그르친 것이 아니니 마땅히 먼저 잡아들여 국문(鞫問)부터 해야 합니다."

주상이 그대로 따랐다. 비록 그렇게 했지만 명을 내려 오랑캐에게 보내는 글의 내용을 고치도록 명하여 적을 노하지 않게 하였다. 김대건이 심양(瀋陽)에 들어갔으나, 오랑캐가 여전히 노하여 답서를 받지 않고 돌려보냈다. 주상이 겁을 먹고 비로소 세폐(歲幣)를 허락하였다.

정충신(鄭忠信)은 국력이 약하여 북쪽 오랑캐를 감당할 수 없음을 깊이 알았으나, 논의하는 자들은 오랑캐가 두려워할 만한 것까지 없다고 다투어 말하니, 비록 주상의 뜻이라고 하나 또한 위엄과 무력을 과시하면서 심지어 임금이 직접 정벌하기로 의논하는 데에 이르렀다. 병자호란(丙子胡亂)이 일어난 뒤에야 주상이 김시양(金時讓)의 상소문에 답했다.

"지난날 남한산성(南漢山城)에 있을 때 매번 경(卿)의 말을 생각했었노라."

아마도 뒷날에 김시양과 정충신 두 사람이 올린 상소문을 기억하고 말한 것이리라. 이에 정충신은 심문을 받고 당진(唐津)으로 유배되었다. 주상이 약물을 하사하고 위로함이 매우 두터웠다. 얼마 지나지 않아 사면되어 광주(光州)로 돌아왔다.

정충신은 비록 무장이었지만 또한 평소 행실을 잘 닦았고 《춘추좌씨전(春秋左氏傳)》과 태사공서(太史公書: 史記)를 즐겨 읽었다. 이미 큰 공을 세워 지위가 상장군(上將軍)에 이르렀으나, 집안에서는 청렴하고 검소하여 옷 입는 것이 서생(書生)과 같았다. 여러 사람들은 정충신이 계책을 세울 때면 언제나 나라를 위해 충성을 다하는 것을 보고서 모두 귀중히 여겼다. 신풍(新豐) 장유(張維)와 연양(延陽) 이시백(李時白) 및 나의 증조부 문충공(文忠公: 崔鳴吉) 같은 이는 모두 벗이었다.

다음해(1634) 포도대장(捕盜大將)과 내섬시 제조(內贍寺提調)에 제
수되었다가 경상우도 절도사(慶尙右道節度使)로 전보되었지만, 병으
로 인하여 교체되어 돌아왔다. 병자년(1636) 여름에 병이 심해지자,
주상은 의원에게 그를 돌보도록 명을 내리고 매월 음식물을 보내주
었다. 의원이 인삼 몇 근을 써야 하는데 계속 청하기가 어렵다고
하자, 주상이 말했다.

"이 사람을 치료할 수만 있다면 국력을 다 기울인다 해도 아깝지
않거늘, 하물며 몇 근의 인삼임에랴."

정충신(鄭忠信)이 죽자, 주상이 교서를 내렸다.

「금남군(錦南君) 정충신은 대대로 국가의 녹을 먹는 가문의 출
신이 아니었으면서도 왕실(王室: 국가)에 충성을 다하여 종묘사직
을 편안하게 하다가 병으로 죽었으니, 내 매우 슬프도다. 유사(有
司: 담당관리)로 하여금 예장(禮葬)하도록 하라.」

또 중관(中官: 내시)에게 호상(護喪)을 명하고, 어포(御袍: 御衣)를
수의(襚衣)로 쓰게 하였다. 그해 봄에 경도(京都: 한양)에서는 왜구가
쳐들어온다는 말이 와전된 적이 있었는데, 정충신이 말했다.

"왜인들은 불러도 오지 않을 것이나, 나라의 크나큰 걱정거리는
바로 북쪽 오랑캐이다."

조정의 논의가 또 척화(斥和)하는 일에 미쳐 오랑캐에게 사신을 보내어 단교를 알리자고 하니, 정충신(鄭忠信)은 병으로 고생하면서도 이를 듣고 크게 탄식하며 말했다.

"국가의 존망이 올해에 결딴나겠구나."

그해 12월에 오랑캐가 과연 대거 쳐들어와 마침내 남한산성(南漢山城)이 포위되고 말았다.

찬(贊)한다.

"정충신이 정병(正兵)으로 일찍이 절도영(節度營)에 매여 있으면서 어느 노기(老妓)의 집에 묵었는데, 그 노기가 절도사 잔치에서 남은 음식을 가져다가 주자, 정충신은 그것을 물리쳐 먹지 않고 말하기를, '대장부가 마땅히 절도사가 되어 자기의 남은 음식을 남에게 먹일지언정, 어찌 남의 턱밑에 남은 음식을 먹을 수 있단 말인가?' 하였다. 그의 의지와 기개의 도도함이 이와 같았다. 그가 계책을 결정하고 이괄(李适)의 난을 격파하여 중흥의 명장이 된 데는 까닭이 있었던 것이다. 그가 적을 헤아리고 상황을 살피는데 이르러서는 시류에 맞추려고 굽실거리지 않아 죄를 범해도 후회하지 않았으니, 가히 충(忠)이라 할 만하도다. 공자(孔子)가 이르기를, '반드시 일에 임하서는 두려워할 줄 알고, 도모하기를 좋아하여 성사시키는 자와 함께하리라.'고 하였는데, 정충신이 거의 가까웠다."

『《곤륜집》 권14 〈잡저 · 정장군충신전〉』

鄭將軍忠信傳

崔昌大(1669~1720)

鄭將軍忠信者, 湖南光州人。字可行, 高麗名將鄭地[1]之後也。
忠信生地微[2], 幼屬節度營[3]正兵[4], 兼隷府知印[5]。

　萬曆[6]壬辰, 倭寇大至, 宣祖西幸[7]義州[8]。當是時, 光州牧使權
慄[9], 陞爲巡察, 起兵討賊, 將以兵事聞, 募能以狀達行在[10]者, 莫

---

1) 鄭地(정지, 1347~1391): 본관은 羅州, 초명은 鄭准提. 순천, 낙안, 영광, 광주, 담양,
　남원, 남해 관음포에서 왜적을 대파했고 요동 정벌 때 이성계의 위화도회군에 동조했
　다. 이후에도 왜적이 창궐하자 양광·전라·경상도 都節制體察使가 되어 공을 세웠다.

2) 生地微(생지미): 野史에 의하면, 光州의 鄕廳 座首인 鄭綸과 食婢 사이에 태어난 것으
　로 전하는데, 이를 표현한 것임.

3) 節度營(절도영): 節度使營.

4) 正兵(정병): 조선시대 육군의 중심 병력으로서 일반 양인농민으로 이루어진 兵種.

5) 知印(지인): 通引. 수령의 잔심부름을 하던 구실아치.

6) 萬曆(만력): 중국 명나라 제13대 황제 萬曆帝 神宗의 연호(1573~1619).

7) 西幸(서행): 임금이 서쪽으로 행행함을 이름. 播遷, 蒙塵의 뜻이다.

8) 義州(의주): 평안북도 북서쪽에 위치한 지명. 동쪽으로는 삭주군·구성군, 남쪽으로
　는 용천군·철산군·선천군, 북서쪽으로는 압록강을 사이에 두고 만주지방과 경계를
　이루고 있다.

9) 權慄(권율, 1537~1599): 본관은 安東, 자는 彦愼, 호는 晩翠堂·暮嶽. 1582년 식년문
　과에 급제했다. 임진왜란이 일어나 수도가 함락된 후 전라도순찰사 李洸과 防禦使 郭
　嶸이 4만여 명의 군사를 모집할 때, 광주목사로서 곽영의 휘하에 들어가 中衛將이 되
　어 북진하다가 용인에서 일본군과 싸웠으나 패하였다. 그 뒤 남원에 주둔하여 1,000여
　명의 의용군을 모집, 금산군 梨峙싸움에서 왜장 고바야카와 다카카게[小早川隆景]의
　정예부대를 대파하고 전라도 순찰사로 승진하였다. 또 북진 중에 수원의 禿旺山城에

有應之。忠信奮請行, 時年十七。時賊兵滿道路, 忠信獨身杖劍
行, 達于行朝[11]。

當是時, 李鰲城恒福[12], 爲兵曹判書, 謂從者曰: "是兒遠來, 無
所投止[13], 其以舍諸我。" 因留與衣食, 授之史書。忠信警悟絶人,
文義日進, 遇事無難焉。李公大說之, 其愛如父子。

秋, 登行朝武科。上語鰲城曰: "卿嘗謂忠信才, 今出身[14]矣。

주둔하면서 견고한 진지를 구축하여 持久戰과 遊擊戰을 전개하다 우키타 히데이에[宇
喜多秀家]가 거느리는 대부대의 공격을 받았으나 이를 격퇴하였다. 1593년에는 병력
을 나누어 부사령관 宣居怡에게 시흥 衿州山에 진을 치게 한 후 2800명의 병력을 이끌
고 한강을 건너 幸州山城에 주둔하여, 3만 명의 대군으로 공격해온 고바야카와의 일본
군을 맞아 2만 4000여 명의 사상자를 내게 하며 격퇴하였다. 그 전공으로 도원수에
올랐다가 도망병을 즉결처분한 죄로 해직되었으나, 한성부판윤으로 재기용되어 備邊
司堂上을 겸직하였고, 1596년 충청도 순찰사에 이어 다시 도원수가 되었다. 1597년
정유재란이 일어나자 적군의 북상을 막기 위해 명나라 提督 麻貴와 함께 울산에서 대
진했으나, 명나라 사령관 楊鎬의 돌연한 퇴각령으로 철수하였다. 이어 順天 曳橋에
주둔한 일본군을 공격하려고 했으나, 전쟁의 확대를 꺼리던 명나라 장수들의 비협조
로 실패하였다. 임진왜란 7년 간 군대를 총지휘한 장군으로 바다의 이순신과 더불어
역사에 남을 전공을 세웠다. 1599년 노환으로 관직을 사임하고 고향에 돌아갔다.
10) 行在(행재): 行在所. 왕이 상주하는 궁궐을 떠나 멀리 거동할 때 머무르는 임시거처.
11) 行朝(행조): 전쟁 혹은 변란시 국왕이 궁궐을 떠나 임씨로 머무르는 곳. 임진왜란
   중 평안도로 피난한 선조가 조정을 세자의 조정인 分朝와 자신의 조정으로 나는 이후
   선조의 조정을 行朝라 칭하게 된다. 행조와 분조는 행정적, 군사적인 측면에서 중복을
   피하면서 관할하는 영역을 구분하고 각각 전쟁을 수행하였다.
12) 李鰲城恒福(이오성항복): 李恒福(1556~1618). 본관은 慶州, 자는 子常, 호는 弼雲·
   白沙. 임진왜란 때 선조를 따라 의주로 갔고, 명나라 군대의 파견을 요청하는 한편
   근위병을 모집하는데 주력했다. 1598년 陳奏使로 명나라를 다녀왔다. 1602년 오성부
   원군에 진봉되었다.
13) 投止(투지): 여관 같은 곳에 묵음. 투숙함.
14) 出身(출신): 조선시대에, 과거의 무과에 급제하고 아직 벼슬에 나서지 못한 사람.

其以來見."及見,上獎之曰:"年尚少,稍長可大用."累從張公
晚[15]爲裨佐,張公亦愛遇之。又隨吳公允謙[16],入日本還。歷官
至昌洲[17]僉使,所在著名。光海君時,鰲城公抗議爭廢母[18],竄沒
北邊。忠信從焉,辦其喪服,心喪三年。

忠信爲人短小,目如曙星,美容姿,有辯英果,好氣義,善料
事,多懸中[19]。朝廷遣忠信,探建州[20]虜情。時毛文龍鎭椵島[21],

---

15) 張公晚(장공만): 張晚(1566~1629). 본관은 仁同, 자는 好古, 호는 洛西. 조선시대
   우찬성, 병조판서, 개성유수 등을 역임한 문신. 함경도관찰사 때에는 누르하치(奴兒哈
   赤)의 침입을 경고해 방어책을 세우도록 상소했으며, 李恒福의 건의로 평안도병마절
   도사로 나가 軍制를 개혁하였다. 1619년 체찰부사가 되어 요동 파병에서 패망해 서쪽
   국경이 동요되자 이의 무마에 힘썼으며, 왕명으로 贊畵使 李時發과 함께 대후금 정책
   을 협의하였다. 인조반정이 일어난 뒤로 도원수에 임명되어 원수부를 평양에 두고 후
   금의 침입에 대비하였다. 1624년 李适이 반란을 일으키자 각지의 관군과 의병을 모집
   해 이를 진압하였다. 이어 우찬성에 임명되고 팔도도체찰사로 개성유수를 겸했다. 그
   러나 1627년 정묘호란에 후금군을 막지 못한 죄로 관작을 삭탈당하고 부여에 유배되
   었으나 앞서 세운 공으로 용서받고 복관되었다.
16) 吳公允謙(오공윤겸): 吳允謙(1559~1636). 본관은 海州, 자는 汝益, 호는 楸灘·土塘.
   인조반정이 일어나자 대사헌에 임명되고, 이어 이조·형조·예조의 판서를 두루 역임
   하였다. 1624년 李适의 난이 일어나자 왕을 공주까지 호종하였다. 이어 예조판서·지
   중추부사를 거쳐 1626년 우의정에 올랐다. 1627년 정묘호란이 발생하자 왕명을 받고
   慈殿과 중전을 모시고 먼저 강화도로 피난했으며, 환도 뒤 좌의정을 거쳐 1628년 70세
   로 영의정에 이르렀다.
17) 昌洲(창주): 昌洲鎭. 평안도에 있는 진.
18) 廢母(폐모): 광해군대에 광해군의 계모가 되는 仁穆大妃를 폐하기 위해 한 논쟁. 인목
   대비는 선조 35년에 19세의 나이로 51세의 선조와 결혼하여 繼妃가 되었다. 이에 따라
   광해군과는 어머니와 아들 관계가 되었다. 그런데 광해군 즉위 후 永昌大君을 왕으로
   추대하려는 역모 사건으로 인해 인목대비에 대한 폐모론이 강하게 대두하였고, 인목
   대비는 결국 廢庶人되어 西宮에 유폐되었다.
19) 懸中(현중): 懸合. 부합함.

藉皇朝重誅索無度, 時我動靜以恁之。朝廷恐見疑, 命忠信潛往,
忠信曰: "此欲無見疑, 而事終發, 反被疑誣." 乃上疏曰: 「臣非刺
客奸人, 旣不可匿迹。全遼之衆, 豈無一人走漏於文龍者? 且文
龍以不厭所求望我深, 使反其實而誣我於皇朝, 臣恐參母之杼,
不待三至而投也。臣請奏聞天朝, 移帖毛鎭, 事明白, 乃無悔。否
者, 臣雖戮死, 不敢奉命。」朝議然之, 移咨經略府, 帖告毛鎭。

然後乃行, 旣入虜中, 與諸大酋言。諸酋皆服, 又問忠信曰:
"爾國, 每謂我爲賊, 何也?"答曰: "爾曹[22]有盜天下心, 非賊而
何?"諸酋大笑。於是, 盡得其要領以歸。且告人曰: "是虜將爲天
下患, 何但我國憂也?"擢滿浦僉使[23], 移平安道兵馬虞候[24]。

癸亥仁祖卽尊位, 拜安州牧使, 兼防禦使。未幾, 李适[25]反。當

---

20) 建州(건주): 建州衛. 명나라 초기에 두만강과 압록강 유역 남만주 일대의 여진을 招撫
하기 위하여 永樂 원년(1403)에 설치한 衛所. 兀良哈의 추장 阿哈出(또는 於虛出)이
영도하였으며, 영락 3년(1405)에 斡朶里의 童猛哥帖木兒가 입조하여 建州衛都指揮使
가 되었으나, 그 후 建州左衛가 설립되었다. 건주좌위는 동맹가첩목아가 죽은 후에
다시 좌우위로 분리되어, 건주위는 建州本衛와 建州左衛·建州右衛의 3衛로 되었다.

21) 椵島(가도): 평안북도 鐵山郡 雲山面에 속하는 섬. 명나라에서는 皮島라 부르고, 毛
文龍은 雲從島라 부르기도 하였다. 毛文龍이 鎭江(지금의 요녕성 단동시 구련성 방향)
을 기습하였다가 누르하치의 명을 받은 阿敏과 홍타이지에 의해 쫓겨 椵島에 주둔하였
다. 모문룡이 가도에서 세력을 모아 패주가 되자 명나라는 그에게 平遼總兵官에 임명
하였다. 가도를 東江이라 하였으므로 그를 '동강총병'이라 불렀고, 사람들은 그를 '毛
帥'로 부르기도 하였다.

22) 爾曹(이조): 그대들.

23) 僉使(첨사): 조선시대 각 鎭營에 속한 종3품의 무관. 僉節制使의 약칭이다.

24) 兵馬虞候(병마우후): 조선시대 각 도의 병마절도사를 보좌하는 종3품의 서반 외관직.

25) 李适(이괄, 1587~1624): 본관은 固城, 자는 白圭. 선조 때 형조 좌랑·泰安郡守를

是時, 張公爲都元帥, 鎭平壤, 适爲副元帥, 鎭寧邊[26], 以備北
虜。适, 驍將也, 素稱善兵, 精卒數萬及降倭[27]劍士, 悉隷之。适
新策元功, 忿爵賞不讐, 有陰謀。其黨文晦[28]上變事。适遂斬命
捕者宣傳官 · 禁府都事[29], 約龜城府使韓明璉[30], 擧兵反。或謂張

역임, 1622년 함북병마절도사가 되어 부임하기 직전 仁祖反正에 가담하여 이듬해 거
사일의 작전 지휘를 맡아 반정을 성공케 했다. 이해 후금과의 마찰로 변방에서 분쟁이
잦자 평안도병마절도사 겸 副元帥로 발탁되어 寧邊에 出鎭하여 城柵을 쌓고 군사훈련
을 실시하는 등 국경 경비에 힘썼으며, 이어 靖社功臣 2등에 책록되었다. 1624년에
반란을 일으켰다가 실패하고 참형되었다. 그의 반란은 뒤에 정묘호란의 한 원인이 되
었다.

26) 寧邊(영변): 평안북도에 있는 지명. 구룡강 하류에 있어 군사 요충지로 발달하였다.

27) 降倭(항왜): 투항한 왜군. 임진왜란 때 항왜들은 1,000명을 헤아렸는데, 대표적인
인물은 본명이 沙也可인 金忠善이다. 그는 加藤淸正의 左先鋒將이 되어 3천의 병력을
이끌고 내침했으나 조선의 문물이 뛰어남에 감화되어 慶尙左右兵馬節度使 朴晉과 金
應瑞에게 귀화의 뜻을 밝혀 朝鮮의 장수로 蔚山 · 慶州 · 永川 등지의 전투에서 공을 세
웠다. 특히 그는 조선에 火砲와 鳥銃을 만드는 법과 사용법을 보급하였고, 18개 지역의
왜적의 城을 탈환하는 등 눈부신 업적을 남겼다. 이 항왜들은 그 후 이괄의 난 때나
호란 때 동원되었다.

28) 文晦(문회, 생몰년 미상): 1624년 전임 敎授의 신분으로 李佑 · 金光肅과 함께, 尹仁發
등이 仁城君 李珙을 추대하는 역모를 꾸민다고 고변하였다. 이에 奇自獻 · 金元亮 등
40여 인이 투옥되었으며, 곧 李适의 난이 터지자 그 대부분이 처형당하였다. 1625년
다시 朴應晟 등의 역모를 고발하였으나 공을 탐낸 무고임이 밝혀져 절도에 정배되었다.

29) 命捕者宣傳官, 禁府都事(명포자선전관, 금부도사): 李适은 자신의 아들 李旃을 압송
하러 온 금부도사 高德律 · 沈大臨, 선전관 金芝秀, 中使 金天霖 등을 죽이고 반란을
일으킨 것을 가리킴. 이괄은 임진왜란 때 투항했던 왜병 100여 명을 앞세워 개천을
점령하고, 개성으로 진격하였다. 반군에 의해 한양이 점령된 이괄의 난은 조선사회에
큰 영향을 끼쳤다.

30) 韓明璉(한명련, ?~1624): 임진왜란 당시 영남에서 공을 세운 인물. 1594년 경상우도
별장이던 그는 의병장 郭再祐 등과 합세해 적을 물리쳤고, 의병장 金德齡과 함께 군대
를 훈련시켰다. 1597년 정유재란 때에는 도원수 權慄의 휘하에서 충청도방어사와 합
세해 회덕에서 공을 세우고, 공주에서 분전하다가 부상을 당하였다. 1598년 다시 권율

元帥曰:"忠信與适善, 其無爲賊用乎?"元帥曰:"此子豈背君父
從賊者? 今至矣."言終而忠信至。從事官金起宗[31]曰:"安州[32],
重鎭[33]也, 固守城, 使賊不東, 職耳。擅棄城來, 宜有罪."元帥卽
以數忠信, 將榜之, 忠信曰:"賊意在疾趣, 必不由安州, 且由安
州, 無兵可守城, 徒死無爲也。故來聽調麾下, 去留惟命."於是,
元帥引與坐, 問曰:"今賊計將安出?"忠信曰:"有上中下三策."
曰:"何謂三策?"曰:"使賊乘新起之銳, 直渡漢江, 進逼乘輿[34],
安危未可知, 此上策也。跨據兩西, 結毛將爲聲勢, 朝廷亦未易
制, 此中策也。從間道[35], 疾趣京都, 坐守空城, 無能爲耳, 此下
策也."曰:"以君計之, 當出何策?"忠信曰:"适銳而無謀, 必出下
策."忠信還, 未到安州, 聞賊已趣間路, 牒請[36]曰:"安州已在賊

의 휘하에서 의병장 鄭起龍과 합세, 경상우도에 주둔한 적군을 격파하였다. 1623년
龜城巡邊使에 보직되었다. 1624년 李适과 함께 반란을 일으켜 관군을 패주시키고 서
울을 점령했으나, 길마재[鞍峴]의 싸움에서 패배하였다. 이괄과 함께 도주하던 중 이
천에서 부하 장수의 배반으로 살해당하였다.

31) 金起宗(김기종, 1585~1635): 본관은 江陵, 자는 仲胤, 호는 聽荷. 1623년 인조반정
으로 인조가 왕위에 오르자, 전날 李爾瞻이 私黨을 심기 위한 과거에 참여하여 장원하
였다는 지적을 받고 淸議를 주장하는 사람들의 비난을 받아 청요직에 허락되지 않았
다. 1624년 關西元帥 張晩이 李适의 난을 평정할 때 종사관으로 종군하여 공을 세우자,
조정은 잘못을 용서하고 등용하였다.

32) 安州(안주): 평안남도 서북단의 안주군에 있는 지명.

33) 重鎭(중진): 국가의 방위에 중요한 위치를 차지하는 군사적 요충지에 설치한 軍鎭.

34) 乘輿(승여): 大駕. 임금이 타는 수레.

35) 間道(간도): 샛길.

36) 牒請(첩청): 상관에게 서면으로 요청함.

後, 無事於守鎭, 願赴幕受指." 元帥許之。适聞忠信從元帥, 憮
然37)有憚色。歷數諸將能否, 皆易之, 至忠信曰 : "此未可輕也."
元帥出兵, 或言 : "是日直星38)七殺, 兵家忌之." 忠信曰 : "焉有聞
父母之病而擇日以行者? 且師直爲壯39), 奚拘於術家?" 衆乃服。
於是, 元帥以忠信爲先鋒大將, 南以興40)爲繼援大將。南以興者,
亦當時名將也。膽略過人, 其女壻柳孝傑41), 勇冠三軍, 俱以罪繫

---

37) 憮然(무연): 낙심한 모양.

38) 直星(직성): 사람의 나이에 따라 그 運數를 맡아본다는 아홉 개의 별.

39) 師直爲壯(사직위장):《春秋左傳》宣公 12년조의 "명분이 바른 군대는 사기가 왕성한
반면, 명분이 없는 군대는 쇠하기 마련이다.(師直爲壯, 曲爲老.)"에서 나오는 말.

40) 南以興(남이흥, 1576~1627): 본관은 宜寧, 자는 士豪, 호는 城隱. 선전관을 거쳐
부총관, 포도대장, 충청·경상도병마절도사, 구성부사, 안주목사, 평안도병마절도사
등을 역임했다. 1623년 인조반정 뒤 西道의 수령직을 자청해 구성부사가 되었다가,
시기하는 자의 무고로 하옥되기 직전 도원수 張晩의 변호로 무사했으며, 도원수 휘하
의 中軍이 되었다. 이때 장만의 휘하에 부원수 겸 평안병사로 좌천되어 영변에 머무르
고 있던 李适이 난을 일으키자 장만의 지휘 아래 중군을 이끌고 많은 무공을 세웠다.
특히 이괄의 부하 柳舜懋·李愼·李胤緖를 회유해 많은 반군을 귀순하게 했다. 서울
근교의 작전 회의에서 장만은 도성을 포위하여 이괄의 군대를 곤경에 빠뜨린 뒤 공격
하자고 주장했다. 그러나 남이흥은 지리적으로 유리한 길마재[鞍峴]에 진을 치고 위에
서 적을 내려다보며 공격하자는 鄭忠臣의 주장에 동조해 대승했다. 이어 평안도병마
절도사로서 영변부사를 겸해 국경 방어의 임무를 맡고 있던 중, 1627년 정월 정묘호란
이 일어나자 안주성에 나가 후금군을 막았다. 이때 후금의 주력 부대 3만여 명이 의주
를 돌파하고 凌漢山城을 함락한 뒤 안주성에 이르렀다. 이에 목사 金浚, 虞候 朴命龍,
강계부사 李尙安 등을 독려해 용전했다.

41) 柳孝傑(류효걸, 1594~1627): 본관은 晉州, 자는 誠伯. 1622년 황해병사에 올랐다.
이듬해 황주목사로 있던 중 폭행을 일삼고 백성에 대한 착취가 심하다는 탄핵을 받고
의금부에 투옥되었다가, 1623년 인조반정으로 풀려나와 다시 기용되었다. 도원수 張
晩의 휘하에서 별장으로 북변수비에 종군하였다. 1624년 李适이 반란을 일으키자 左
協將으로 출전하여 황주전투에서 패하였으나, 늦추지 않고 도성을 향하는 반란군을

獄。元帥之西出, 盛言⁴²⁾其能曰: "國危如此, 何可以數尺之杇⁴³⁾,
棄干城之將乎?" 上重釋之, 並卽日從軍。以興, 名家子, 負氣⁴⁴⁾
自豪, 素輕忠信賤微, 羞與爲儔輩⁴⁵⁾。由是兩人有隙, 不與同席
語。元帥招兩人坐, 諭以先國家後私怨⁴⁶⁾, 激以忠義。兩人大感
悟, 握手驩飮如平生, 約爲兄弟, 卒成大功。諸公皆服元帥知人,
而多兩將之釋怨。

於是, 行追賊, 遇于黃州之薪橋, 戰不利, 又追至坡州。當是
時, 仁祖已南幸公州。适入京城屯景福宮, 推興安君瑅⁴⁷⁾僭號, 李

추격하여 길마재[鞍峴]에서 대파하고, 소수의 기병으로 도성을 빠져나가 도망치는 반
란군을 추격하였다.

42) 盛言(성언): 크게 칭찬하여 말함.

43) 數尺之杇(수척지후): 춘추시대 魯나라의 子思가 衛나라 임금에게 苟變을 천거하며
5백 乘 군대의 장수가 될 만하다고 하자, 위나라 임금은 구변이 관리로 있을 때 백성에게
세금을 거두면서 남의 달걀 2개를 먹었기 때문에 쓰지 않겠다고 하였는데, 이에 자사가
대답하기를, "성인이 사람을 관리로 등용하는 것은 장인이 나무를 사용하는 것과 같아서
그 장점은 취하고 단점은 버립니다. 이 때문에 구기자나무나 가래나무가 몇 아름이
될 정도로 크면, 몇 자 정도 썩은 부분이 있어도 훌륭한 장인은 이를 버리지 않는 것입니
다. 지금 임금님께서는 전쟁이 난무하는 세상에 살고 계십니다. 맹수의 발톱 같고 어금
니 같은 날랜 용사를 뽑으면서 2개의 달걀 때문에 방패 같고 성 같은 든든한 장수를
버리시니, 이것은 이웃 나라에 알려져서는 안 될 일입니다.(夫聖人之官人, 猶匠之用木
也, 取其所長, 棄其所短。故杞梓連抱而有數尺之杇, 良工不棄。今君處戰國之世, 選爪牙
之士, 而以二卵棄干城之將, 此不可使聞於鄰國也。)"라고 한 데서 나오는 말.

44) 負氣(부기): 자기의 힘을 믿고 남에게 지기를 싫어함.

45) 儔輩(주배): 同輩。같은 무리.

46) 先國家後私怨(선국가후사원): 刎頸之交。藺相如가 廉頗를 피하는 이유를, "나라의
위급함을 먼저 생각하고 개인적인 감정을 뒤로하기 때문이다.(先國家之急而後私仇
也。)"라고 한 데서 나오는 말.

47) 瑅(제): 李瑅(1598~1624)。조선의 왕족으로 제11대 宣祖의 10왕자.

忠吉[48]爲大將以衛之。元帥會諸將計事，言多異同，忠信大言曰：
"旣不能戮力破賊，賊犯京都，君父播越[49]，吾屬罪當死。毋論勝
敗，一戰烏可已？且先據北山者勝，今據鞍嶺而陣，俯壓都城，賊
不得不戰，戰卽仰攻。我乘高得便，破之必矣."南以興曰："忠信
策之善."元帥從之。

忠信先行，諸軍繼之。元帥令徐驅視便，忠信反呼于衆曰："元
帥有令促進兵，揚鞭疾馳以進."京畿巡察使李曙[50]，與元帥書曰：
「賊已據都城，未易擊。公在西我在東，絶其餉道[51]，賊必窘。待
南軍至協討，事萬全.」諸公以爲然，李延陽時白[52]曰："不然。賊

---

48) 李忠吉(이충길, 1561~1624): 본관은 全義, 자는 藎伯. 선전관, 서산군수, 훈련원 부
정, 안악군수, 함경북도 병마절도사 등을 지냈으며, 1624년 이괄의 역모에 내응하였다
하여 죽임을 당하였다.

49) 播越(파월): 임금이 난을 피하기 위해 도성을 떠나 다른 곳으로 피란함.

50) 李曙(이서, 1580~1637): 본관은 全州, 자는 寅叔, 호는 月峰. 孝寧大君의 후손으로,
목사 李慶祿의 아들이다. 1603년 무과에 급제하고, 1623년 인조반정 때 공을 세워
호조판서에 승진되어 靖國功臣 1등에 책록되었으며 完豊君에 봉하여졌다. 1624년 李
适의 반란이 일어나자 관찰사로 副元帥를 겸하여 적을 추격, 松都에 이르렀으나, 여러
가지 어려운 사정으로 요해처에 웅거한 채 출전하지 못하여 탄핵을 받고 파직되었다가
곧 다시 서용되었다. 1636년 훈련도감제조를 거쳐 병조판서로 기용되어 군비를 갖추
는 데 힘썼다. 이 해에 병자호란이 일어나자 御營提調로 왕을 호종하고 남한산성에
들어가 지키다가 이듬해 정월에 적군이 겹겹이 포위하고 항복을 재촉하는 가운데 군중
에서 죽었다.

51) 餉道(양도): 식량보급로.

52) 李延陽時白(이연양시백): 李時白(1581~1660). 본관은 延安, 자는 敦詩, 호는 釣巖.
李貴의 아들. 1636년 경주부윤이 되었으나, 왕이 불러들여 병조참판으로 남한산성수
어사를 겸하였다. 그해 12월 병자호란이 일어나자 인조를 영입하였으며, 西城將으로
성을 수비하였고, 다음해 공조판서에 승진되어 지의금부사를 겸하였다.

在城一日, 聚衆益多, 何益於持久? 今逆順異形, 士心咸憤, 宜及
其未定, 乘銳疾擊." 元帥曰: "然矣。 顧當如何? 今當傳令於忠信,
宜何指授?" 曰: "我知忠信爲人, 必已登鞍嶺矣." 俄報前軍已到
鞍嶺。 元帥驚, 謂延陽曰: "勇哉忠信! 忠信之心, 君果知之." 忠信
先令輕騎數十, 潛行上嶺, 獲烽卒, 擧火如他。 日昏暮, 諸軍以次
至, 遂布陣。 忠信與李希建[53]等陣其南爲前營, 南以興與邊潝[54]
等爲東營, 金完[55]等爲西營, 申景瑗[56]等爲後營, 黃瀷等爲中堅,

---

53) 李希建(이희건, 1576~1627): 본관은 洪州, 자는 仲植. 1624년 龍川府使로 있을 때
부원수 겸 평안병사 李适이 난을 일으키자, 원수 張晚을 따라 반란군을 길마새[鞍峴]
에서 격파하였다. 반란이 평정된 뒤 임지에 돌아가 용천의 전략적 중요성에 대비하여
손수 앞장서서 백성과 함께 龍骨山城을 쌓았다. 1627년 정묘호란 때 의주·안주가 함
락되어 적이 깊숙히 들어오자 성을 지킬 수 없음을 알고 적진에 뛰어들어 일전을 결심,
雲巖에 이르러 한판 승부를 겨루다가 화살에 맞아 전사하였다.

54) 邊潝(변흡, 1568~1644): 본관은 原州. 1617년 鍾城府使가 되었다. 1622년에는 登極
副使로 上使 吳允謙을 수행하여 명나라에 다녀왔고 여러 관직을 거쳐 경상도병마절도
사가 되었다. 1624년 李适의 난 때에는 황해도병마절도사로서 兩西巡邊使를 겸하여
난의 평정에 크게 공헌하였다. 1629년 강화도의 수비를 강화할 목적으로 喬桐縣을
喬桐府로 승격시키고 경기도 水營을 교동부로 옮기게 할 때 경기도수군절도사 겸 교동
부사에 임명되었다.

55) 金完(김완): 본관은 金海, 자는 子具. 영암 출신. 1615년 觀武才에 급제, 高山里僉使
가 되고 1616년 절충장군, 1618년 내금위장에 임명되었다가 곧 滿浦僉使로 옮겨졌다.
1622년 평안좌도방어사, 다음 해 평안도방어사 및 창성방어사를 역임하였다. 1624년
李适의 난이 일어나자 元帥 張晚의 선봉장으로 鞍峴에서 공을 세웠다.

56) 申景瑗(신경원, 1581~1641): 본관은 平山, 자는 叔獻. 1624년 李适의 난 때 薪橋에서
패전한 관군을 수습하여 鞍峴에서 반군을 대파하였다. 1625년 南兵使가 되었는데, 이
당시 軍額(군사업무에 필요한 물자를 구하기 위한 세금)이 모자라 국방업무에 큰 차질
이 있자 閑丁을 무려 550여 인이나 찾아내 군포를 부과시켰다. 1636년 병자호란 때
부원수로 鐵瓮城을 지키고 있다가 적의 복병에게 생포되자 수십일 동안 단식으로 항거
하였다. 이듬해 강화가 성립되자 패전의 죄로 멀리 귀양 갔다.

別遣精卒數百, 伏裳巖[57]以防彰義門[58]。

朝日, 賊覺之。或說适曰: "精銳皆屬忠信, 元帥以孤軍在碧蹄[59], 一鼓可禽, 卽元帥敗, 前軍走矣." 适見前軍少, 曰: "滅之易耳, 毌多言." 因令曰: "破此後食," 卽開門出兵, 分兩路, 包山而上。明璉爲前鋒, 直薄前營。時東風急, 賊乘風疾攻, 矢丸如雨。我軍旣處山頂, 皆殊死戰。風忽轉西北風大起, 賊在下風, 塵沙撲面。官軍氣益奮, 大戰自卯至巳。賊將李壤中丸死, 明璉中箭却。會适易次旗動[60], 南以興望見大呼曰: "李适敗矣." 於是, 賊兵大奔, 自相蹂藉, 墜澗谷死者, 不可勝數, 或散走西江麻浦。官軍乘勝追擊, 叫噪踴躍, 無不一以當十。賊遂大破, 卽甲子二月十一日也。

時都民屯聚, 登西城, 觀望勝敗, 遂閉敦義門[61]·西小門[62]以拒賊。适走入南大門。忠信欲追之, 以興曰: "今日之捷, 天也。不出

---

57) 裳巖(상암): 鞍峴 아래에 沙川(모래내)이 있고 조금 떨어진 곳에 있는 치마바위.

58) 彰義門(창의문): 서울 종로구 청운동에 있는 문. 北門 또는 紫霞門으로도 불린다.

59) 碧蹄(벽제): 경기도 고양군에 있는 譯院.

60) 旗動(기동): 깃발이 움직임. 이는 군대의 진열이 머대로 종횡하기 때문이다.《孫子隨》〈行軍〉第九의 "적의 진영에 새가 모이는 것은 진영이 빈 것이요, 적이 밤중에 함성을 지르는 것은 두려워하기 때문이요, 적의 병사들이 소요하는 것은 적의 장수가 厚重하지 못하기 때문이요, 적의 깃발이 움직이는 것은 적의 대오가 혼란스러운 것이요, 적의 관리가 노여워하는 것은 적이 지쳐 있는 것이다.(鳥集者虛也, 夜呼者恐也, 軍擾者將不重也, 旌旗動者亂也, 吏怒者倦也.)"에서 나오는 말이다.

61) 敦義門(돈의문): 서울 종로구 새문안길에 있던 조선시대 성곽의 4대문 가운데 서쪽 문. 西大門·新門이라고도 한다.

62) 西小門(서소문): 昭義門을 달리 일컫는 말. 서울의 서남쪽 지금의 덕수궁 위쪽에 있던 小門이다.

數日, 兩賊之頭當至, 何必窮追? 城中多陋巷, 使賊設伏, 脫有得失, 奈何?"忠信曰:"疾雷不及掩耳. 适·明璉, 已破膽矣, 奚暇爲謀? 疾追, 不過廣通橋[63], 就禽耳."以興力止之. 遂遣朴震英[64], 伏東郊以邀賊. 賊夜潛兵, 出水口門[65]南走. 忠信率柳孝傑等, 追及於慶安驛[66], 賊望風而潰. 明日, 适麾下[67], 斬适·明璉首, 走獻行朝. 琁亦捕誅. 自起兵凡十七日而賊平.

諸將爲迎車駕留京, 忠信獨還安州曰:"吾以邊邑將臣, 不亟誅叛賊, 使乘輿蒙塵, 罪則不小. 惟當還任以俟命."上驛召引見[68], 賜金. 遂策勳一等, 賜竭誠奮威出氣效力振武功臣號, 封錦南君. 秩正憲大夫[69], 擢平安道兵馬節度使, 忠信上章[70]固辭, 上答曰:"卿有才有智, 奴酋雖來, 猶可談笑當之, 宜勿辭, 益盡心."病

---

63) 廣通橋(광통교): 다리 이름. 서울 종로에서 을지로 사이의 청계천에 놓여 있었던 다리이다.

64) 朴震英(박진영, 1569~1641): 본관은 밀양(密陽), 자는 實哉, 호는 匡西. 1592년 임진왜란이 일어나자 군수 柳崇仁과 함께 의병을 모아 활약하였으며, 1599년 龍宮縣監이 되었다. 1613년 慶興府使로 승진, 변방을 잘 방비한 공으로 折衝將軍에 오르고, 1619년 순천군수로 右營將을 겸임하였다. 1624년 李适의 난 때 海西道防禦使로 도원수 張晩의 휘하에서 종군, 申景瑗과 함께 東郊에서 대승하였다. 뒤에 平山都護府使가 되어 해서방어사를 겸하였다.

65) 水口門(수구문): 光熙門을 달리 일컫는 말.

66) 慶安驛(경안역): 조선시대 경기도 지역의 驛道 중 하나인 경안도에 속한 역.

67) 适麾下(괄휘하): 李适의 부하. 李守白과 奇益獻을 가리킨다.

68) 引見(인견): 임금이 신하를 불러 들여 만나봄.

69) 正憲大夫(정헌대부): 조선시대 문신 정2품 상계의 품계명.

70) 上章(상장): 임금이나 관청에 글을 올리는 일.

免還朝。

丁卯之亂, 忠信爲別將, 赴張公體府幕。用大臣言, 卽軍中拜
副元帥, 方調諸道兵馬, 爲備禦計。會虜講和退, 忠信嘗語張新豐
維[71]曰: "賊來當得和乃去, 不足憂."果然。其後西邊虛驚報毛鎭
動兵, 上驚問之, 忠信曰: "必不然."庚午, 虜大兵來屯義州, 虜將
龍骨大率輕騎至安州, 中外震恐[72], 忠信曰: "虜必大擧, 西入關,
此恐我議其後耳, 無他虞."已而, 皆如忠信言。累兼都捴管, 備
邊司提調, 忠信數被病, 上輒遣醫視, 賜予相續。

毛文龍死, 陳繼盛[73]代之, 劉興治擅殺繼盛, 與虜通。仁祖將
興師討罪, 問誰可將者? 忠信請行, 上說曰: "卿能力疾[74]忘身, 予
復何憂?"命忠信領舟師, 而捴戎使李曙率步騎, 水陸並進。旣至,
揚兵于海上, 島衆震讋。會興治稱受皇勑乞款, 經略孫承宗[75], 亦

---

71) 張新豐維(장신풍유): 張維(1587~1638). 본관은 德水, 자는 持國, 호는 谿谷. 우의정
   金尙容의 사위이며, 효종비 仁宣王后의 아버지이다. 金長生의 문인이다. 인조반정에
   참여하여 2등공신에 녹훈되었고, 1624년 李适의 난 때 왕을 공주로 호종한 공으로
   이듬해 新豐君에 책봉되어 이조참판·부제학·대사헌 등을 지냈다. 1627년 정묘호란이
   일어나자 강화로 왕을 호종하였다. 병자호란 때는 공조판서로 남한산성에 임금을 호
   종하였고, 최명길과 함께 화의를 주도하였다. 성격이 곧아 인조반정에 참여하고서도
   모시던 국왕을 쫓아낸 일을 부끄러워하였으며, 공신 金瑬의 전횡을 비판하고 소장 관
   인들을 보호하다 나주목사로 좌천되기도 하였다.
72) 震恐(진공): 떨면서 무서워함. 질겁함.
73) 陳繼盛(진계성): 毛文龍의 부하로 부총병을 지냈으며, 모문룡이 죽은 뒤 남은 군사를
   거느리고 가도에 주둔해 있다가 1630년 부하였던 劉興治에 의해 죽임을 당했다.
74) 力疾(역질): 병을 무릅쓰고 무리를 함.
75) 孫承宗(손승종, 1563~1638): 명나라 말기의 군사전략가. 1604년 진사급제. 명나라

移咨請釋之, 上乃命班師[76]。是役也, 兵未交鋒, 然義聲聞于中國
矣。後兵部移咨褒之曰:「向非貴國圖剪興治, 齊魯[77]幾不寧云.」
　　忠信在西邊久, 北虜勢浸盛, 旁有島鎭, 邊境數有兵, 國無備
豫。忠信深憂之, 數上書論便宜[78], 言:「虜之丁卯受盟, 非吾能
制其命, 特其意規犯皇朝。譬如逐糜之狗, 不狼顧[79]耳。彼旣肆
然無畏, 苟不治兵秣馬, 震驚皇朝, 必不帖伏[80]遼左[81]以送餘年,
此東國之憂也。亟宜不憚征繕[82], 以戒不虞[83], 何可一切媕婀[84]
爲也。　請於兩西大州邑皆置山城, 部分旁近邑同築而協守, 無
事[85]出耕, 有事淸野[86]入保。設鎭椒島・席島[87], 復設廣梁鎭[88],

　　天啓 연간의 內閣首輔 역임했다. 後金으로부터 山海關을 방어했다. 혁혁한 공로를 세
　　워 兵部尙書, 太傅를 지냈다. 그러나 魏忠賢의 시기를 받아 벼슬을 그만두고 귀향했다.
　　1638년 고향인 高陽을 공격한 淸軍에 맞서 싸워 온 가족과 함께 殉死했다.

76) 班師(반사): 군대를 철수시킴.
77) 齊魯(제노): 山東省의 다른 이름.
78) 便宜(편의): 그때그때에 適應한 처치. 또는 특별한 조치.
79) 狼顧(낭고): 이리는 겁이 많아서 항상 뒤를 잘 돌아다보는 것을 일컫는 말.
80) 帖伏(첩복): 순종함. 복종함. 납작 엎드림.
81) 遼左(요좌): 중국 遼河의 왼쪽이라는 뜻으로, 조선을 가리켜 이르는 말.
82) 征繕(정선): 賦稅로써 車馬를 징발하거나 무기나 군량을 마련하는 일. 전투태세를
　　정비함을 이르는 말이다.
83) 不虞(불우): 생각하지 못했던 재앙.
84) 媕婀(암아): 우물쭈물하며 결정하지 못하는 모양. 머무적거리는 모양.
85) 無事(무사): 아무 탈 없이 편안함. 여기서는 전쟁이 없는 것을 일컫는다.
86) 淸野(청야): 적이 이용하지 못하도록 농작물이나 건물 등 지상에 있는 것들을 말끔히
　　없앰.
87) 椒島席島(초도석도): 초도와 석도는 평안남도와 황해도를 가로지르는 대동강 하구의
　　廣梁灣에 위치한 섬들.

以實海防。安州要害可守，寧邊勢相脣齒，各置將增備。命一上
將，開府兩西之衝，捐兩道之力，專於守禦，則六道晏如[89]，民樂
耕桑。孰與邊烽一擧，八路騷然者哉? 每有事，大發三南兵，遠赴
西邊，無及於援難，往來徒擾弊民。宜令諸道，歲調止三千，遞戍
安州，五歲而更，諸道得大寬而邊城常有助。又言虜以我不送使
怒甚，旣與修盟，犬羊之逆天，足與數乎? 宜疾遣有口者，善辭以
息怨。」朝廷不能盡用。

先是，虜將所道里，來請歲幣。上召諸臣議，皆言不可許，獨金
時讓·李曙曰：“自古與虜和，未嘗無歲幣.”上不從。虜將怒還，回
答使申得淵[90]入瀋，虜酋不見不受書還。時國無兵，虜方求釁，而
朝臣爭言絶和，謂爲淸議，大臣撓而從焉。至是，遣金大乾爲書，
拒歲幣告絶。議徵八道兵，保江都以待變。忠信與體察使金時讓，
在安州，聞之歎曰：“此趣禍之術也。焉有敵無意來? 自我召之者，
虜兵踵大乾來矣.”於是，留大乾境上，同上疏曰：「請改爲書，毋
激變，」上怒下敎曰：“金時讓·鄭忠信，畏其喪元，擅留使臣，指麾

---

88) 廣梁鎭(광량진): 조선시대 평안도 대동강 하구에 설치된 수군진.

89) 晏如(안여): 민심이 편안하고 태평스러움.

90) 申得淵(신득연, 1585~1647): 본관은 高靈, 자는 靜吾, 호는 玄圃. 1610년 식년문과에
급제하여 文翰官을 거쳐 성균관전적으로《선조실록》편찬의 記事官으로 참여하였고，
검열·정언·사예·형조정랑 등을 역임하였다. 1632년에는 강원도관찰사가 되어 그의
아버지가 편찬한《가례언해》를 간행하였고, 이어서 回答使로 後金에 파견되었다. 다
음해 도승지에 임명되었고, 慶尙左道量田使를 역임한 뒤 世子侍講院賓客으로 청나라
에 파견되기도 하였다.

朝廷, 不斬首警衆, 無以震肅. 其議梟示."諸大臣言: "此非臨陣
失誤, 宜先逮鞫."上從之. 雖然, 命改書詞, 毋怒敵. 大乾入瀋,
虜猶怒, 不得報還. 上懼, 始許歲幣.

忠信深知國力弱不能當北虜, 而論者爭言虜不足畏, 雖上意,
亦示威武, 至議親征. 及丙子亂後, 上答金時讓疏曰: "曩在南漢,
每思卿言."蓋追記兩人疏論也. 於是, 忠信下吏[91], 配唐津[92]. 上
賜藥物, 慰藉之甚厚. 未幾赦還光州.

忠信雖武將也, 內行修, 好讀左氏傳太史公書. 旣建大功位上
將, 居家廉儉, 被服如書生. 諸公見忠信籌略, 長爲國家忠計, 咸
重焉. 如張新豐, 李延陽及余曾大父文忠公[93], 皆友之.

明年, 授捕盜大將·內贍寺提調, 遷慶尙右道節度使, 病作遞
還. 丙子夏, 病甚, 上命醫救之, 月致食物. 醫言當用人參數斤,
重於續請, 上曰: "可療此人, 竭國力無惜, 況數斤人參乎?"及卒,
上下敎曰: 「錦南君鄭忠信, 人非世祿, 盡忠王室, 以安宗社, 病勞
瘁以歿, 予甚悼焉. 其令有司禮葬.」又命中官[94]護喪[95], 襚以御

---

91) 下吏(하리): 법관을 보내 심문함.

92) 唐津(당진): 충청남도에 있는 고을.

93) 文忠公(문충공): 崔鳴吉(1586~1647)의 諡號. 본관은 全州, 자는 子謙, 호는 遲川.
李恒福과 申欽에게 배웠다. 인조반정에 참여한 반정공신이다. 병자호란 때 이조판서
로서 講和를 주관하였는데, 난중의 일처리로 仁祖의 깊은 신임을 받음으로써 병자호
란 이후에 영의정까지 오르는 등 대명, 대청 외교를 맡고 개혁을 추진하면서 국정을
주도했다. 명과의 비공식적 외교관계가 발각되어 1643년 청나라에 끌려가 수감되기도
했다.

袍。是年春, 京都訛言倭寇至, 忠信曰:"倭人召之不來, 國之大
憂, 乃北虜耳." 及廷議又斥和事, 送使告絶, 忠信方病困, 聞之太
息曰:"國家存亡, 決於今歲矣." 是歲十二月, 虜果大入, 遂有南
漢之圍。

贊曰:"忠信之爲正兵, 嘗縶赴節度營, 舍於老妓, 老妓以節度
宴餘物饋之, 忠信却不食曰:'大丈夫當身爲節度使, 以己餘食人,
顧焉能啖人頷下物乎?' 其志氣之亢如此。其決筴破适, 爲中興名
將, 有以也。及其料敵審勢, 不與時俯仰, 觸罪不悔, 可謂忠矣。
孔子曰:'必也臨事而懼, 好謀而成.' 忠信庶矣乎。

『《昆侖集》卷之十四〈雜著·鄭將軍忠信傳〉』

---

94) 中官(중관): 內侍府의 관원을 두루 이르는 말.
95) 護喪(호상): 상례를 거행할 때 처음부터 끝까지 모든 절차를 제대로 갖추어 잘 치를
    수 있도록 하기 위하여 상가 안팎의 일을 지휘하고 관장하는 책임을 맡은 사람.

정충신전

홍양호(1724~1802)

　　정충신(鄭忠信)은 호남의 광주(光州) 사람이다. 자는 가행(可行)이며, 고려의 명장 정지(鄭地)의 후손이다. 정충신은 처지가 한미하게 태어나 어려서 절도영(節度營)에 속한 정병(正兵)이었고 부(府)에 예속된 지인(知印: 通引)을 겸하였다.

　　선조(宣祖) 임진년(1592)에 왜구가 대거 침입하였다. 이때 권율(權慄)이 광주목사(光州牧使)로서 군사를 일으켜 왜적을 토벌하였는데, 정충신이 지인(知印)으로 항상 그의 곁에 있어서 권공(權公: 권율)이 남달리 매우 총애하였다. 하루는 권공(權公)이 일찍이 군사를 보내어 왜적의 진영을 정탐하려는데, 정충신이 함께 가기를 청하였다. 권공(權公)이 꾸짖어 말했다.

　　"너 같은 어린아이가 간들 장차 무엇을 할 수 있겠느냐?"

　　그래도 정충신이 고집스레 청하여 결국 보냈는데, 달려서 적진에 이르렀지만 왜적들이 이미 퇴각해버려 없었다. 정충신이 시골집을 둘러보다가 깨어진 독이 엎어져 있어서 장난삼아 활을 쏘았다. 어떤 병든 왜적이 숨어 있다가 그 화살에 맞아 죽자, 마침내

그의 머리를 베어 깃대 위에 매달아 오니, 권공(權公)이 매우 기특
해하였다.

주상이 서쪽으로 피난하여 의주(義州)로 갔는데, 권율(權慄)이 승
진하여 순찰사(巡察使)가 되어 군사를 일으키고 왜적을 토벌하였다.
장차 전쟁에 관계된 일을 알리려는 장계(狀啓)를 행재소(行在所)에
전달할 자를 모집하였으나, 아무도 응모하는 사람이 없었다. 그런
데 정충신(鄭忠信)이 분연히 가기를 청하니, 이때 나이가 17세였다.
이 당시 적병들이 길에 가득하였으나, 정충신은 칼을 잡고 혼자
떠나 밤낮으로 천리 길을 가서 행재소의 조정에 장계를 전달하였
다. 이때를 당하여 오성(鰲城) 이항복(李恒福)이 병조판서였는데, 아
랫사람에게 말했다.

"이 아이가 멀리서 와 머물러 있을 곳이 없으니, 나에게 있도록
하라."

이렇게 하여 머물러 있게 하면서 의복과 음식을 대주며 사서(史
書)를 가르쳤다. 정충신은 민첩하고 총명하여 남보다 뛰어나 글의
뜻에 대한 이해가 날로 발전하였고, 무슨 일이든지 어려워하지 않
았다. 이공(李公: 이항복)은 이를 크게 기뻐하여 정충신을 친애하는
것이 아비와 자식 같았다. 그 문하의 이름난 선비들은 연양(延陽)
이시백(李時白), 신풍(新豐) 장유(張維), 완성(完城) 최명길(崔鳴吉) 같
은 이로 모두 나이도 따지지 않고 문벌도 따지지 않으며 사귀었다.
백사(白沙: 이항복)가 일찍이 말했다.

"만일 정충신(鄭忠信)이 칼을 버리고서 책을 끼고 공부했더라면, 한 시대의 고상한 선비가 되는데 무방했었을 것이로다."

이해 가을에 행재소(行在所)의 조정에서 실시한 무과에 급제하였다. 주상(主上)이 오성(鰲城: 이항복)에게 말했다.

"경(卿)이 일찍이 정충신의 재주를 일컫더니만, 오늘 무과에 급제했소이다. 불러오게 해서 보고 싶소."

그리하여 알현하게 되자, 주상이 칭찬하여 말했다.

"나이가 아직 어리지만, 자라면 크게 쓰일 것이로다."

여러 번 장만(張晚)을 따라 보좌하였는데, 장공(張公: 장만) 역시 정충신을 유별나게 아꼈다. 또 오윤겸(吳允謙)을 따라 일본을 다녀오기도 하였다. 여러 벼슬을 거쳐 창주 첨사(昌洲僉使)에 이르니, 있는 곳마다 명성이 널리 알려졌다. 광해군(光海君) 때에 이르러는 백사(白沙: 이항복)가 폐모론(廢母論)에 대해 항의하고 간쟁하다가 북청(北靑)으로 유배를 갔다. 정충신은 따라 험난한 유배지를 다니면서 오로지 열심히 기록하였으니, 그 당시 변고의 개략과 귀양살이의 시말 심지어 산 넘고 물 건너던 도중의 고생과 인정의 후하고 박함에 이르기까지 세세한 부분을 모두 기록하여 북천록(北遷錄)을 만들었다. 그리고 그대로 복(服)을 입었으며 마음으로 삼년상을 마쳤다.

정충신은 몸집이 자그마했으나 눈이 샛별처럼 빛났으며, 용모와 자태가 아름답고 언변이 영특하게 과감하며, 기백과 의리가 훌륭한데다 일을 헤아리기를 잘하여 부합하는 것이 많았다. 신유년(1621)

조정에서는 정충신(鄭忠信)을 파견하여 건주 오랑캐[建州虜: 후금]의 실정을 정탐하려고 하였다. 이때 모문룡(毛文龍)은 가도(椵島)에 주둔하면서 황조(皇朝: 명나라)를 빙자하여 거듭 재물을 빼앗고 토색질하는 것이 무도하였는데, 이때 우리의 움직임을 꺼려하였다. 조정은 의심을 받을까 두려워 우선 정충신에게 몰래 가도록 명을 내리자, 정충신이 말했다.

"이는 의심을 받지 않으려다 일이 끝내 발각되면 도리어 의심과 모함을 받게 될 것이오."

바로 상소를 올려 말했다.

「이번 신(臣)의 사행길이 자객이나 간사한 자의 그것이 아닐진댄 이미 그 종적을 숨기기는 불가하옵니다. 온 요동(遼東)의 무리가 어찌 한두 사람이라도 모문룡에게 달려가 알려주는 자가 없겠사옵니까? 게다가 모문룡은 우리들에게 바라는 것이 싫증내지 않을 정도로 심하기 때문에 도리어 그 사실을 뒤집어 중조(中朝: 명나라 조정)에 우리를 무고한다면, 신(臣)은 증자(曾子)의 어머니가 베 짜던 북을 증자가 살인했다는 말이 세 번 이르기 전에 던져버리고 달아났던 것처럼 할까 염려됩니다. 천조(天朝: 명나라 조정)에도 아뢰고 모문룡의 진영(鎭營)에도 첩문(帖文)을 보내어 일이 명백해져서 후회가 없게 될 것이옵니다. 그렇지 않으면 신(臣)은 비록 죽임을 당해도 감히 명을 받들 수 없사옵니다.」

조정에서는 정충신(鄭忠信)의 상소를 옳다고 여기고서 경략부(經略府)에 자문(咨文: 외교공문서)을 보내고 모문룡(毛文龍) 진영에도 첩문(帖文)으로 알렸다.

그런 다음에야 사행길을 나서서 오랑캐 땅으로 들어가서는, 여러 추장(酋長: 우두머리)들과 이야기를 나누었다. 이에 여러 추장들이 모두 감복하고는 또 정충신에게 물었다.

"그대의 나라에서는 매번 우리를 일컬어 도적이라고 하는데 무엇 때문인 것이오?"

대답했다.

"그대들이 천하를 도적질하려는 마음을 가졌으니, 도적이 아니고 무엇이란 말이오?"

여러 추장들이 크게 웃었다. 그리하여 정탐하고자 했던 그 요체를 모조리 얻었고, 모문룡까지도 두루 보아 적의 동정을 다 살피고서 돌아왔는데, 사람들에게 말했다.

"이 오랑캐들은 장차 천하의 걱정거리가 될 것인데, 어찌 다만 우리나라만의 근심이겠소?"

만포 첨사(滿浦僉使)에 발탁되었다가, 평안도 병마우후(平安道兵馬虞候)로 옮겨졌다.

인조(仁祖) 계해년(1623) 안주 목사(安州牧使)에 임명되었고 방어사(防禦使)를 겸하였다. 얼마 안 되어 이괄(李适)이 반란을 일으켰다. 당시에 장만(張晚)은 도원수(都元帥)가 되어 평양(平壤)에 진을 치하고, 이괄은 부원수가 되어 영변(寧邊)에 진을 쳐 북방의 오랑캐를 대비하였다. 이괄은 용맹한 장수로서 평소에 용병을 잘하는 것으로 일컬어졌는데, 정예병 수만 명과 검술에 능한 항왜(降倭: 임진왜란 시 투항한 일본인)들을 모두 휘하에 두고 있었다. 이괄은 새로이 원훈 (元勳: 1등 공신)을 책훈할 때 자신에게 내려진 벼슬과 포상에 불만스러워 몰래 역모를 꾀하기로 생각하였던 것이다. 그의 도당인 문회 (文晦)가 역모를 알려, 이괄을 체포하도록 하였다. 이괄은 마침내 자신의 아들 이전(李旃)을 잡아오라는 명을 받은 선전관(宣傳官: 김지수)과 금부도사(禁府都事: 고덕률·심대림)를 참하고 구성부사(龜城府使) 한명련(韓明璉)과 약속하여 군사를 동원해 반란을 일으켰다.

어떤 사람이 도원수 장만에게 말했다.

"정충신(鄭忠信)이 이괄과 친하니, 적도에게 협조하지 않았겠습니까?"

도원수가 말했다.

"그 자가 어찌 임금을 배신하고 적도를 따를 사람이겠는가?"

말이 끝나자마자 정충신이 도착하였다. 도원수는 성을 마음대로 내버려두고 왔다며 정충신을 꾸짖고 그를 처벌하려는 방문(榜文)을 붙이려고 하자, 정충신이 말했다.

"반적의 뜻은 빨리 나아가는데 있으니 반드시 안주(安州)를 경유하지 않을 것이요, 설사 안주를 경유한다 해도 성을 지킬 만한 군사가 없으니 헛되이 죽어서는 아무런 소용이 없습니다. 때문에 휘하에서 명을 따르고자 왔으니, 가고 머무르는 것은 오직 명령대로 하겠습니다."

그리하여 도원수가 정충신(鄭忠信)을 이끌어 앉히고 물었다.

"지금 반적의 계책이 장차 어떻게 나오리라 보는가?"

정충신이 말했다.

"저들에게는 상중하 세 가지 계책이 있습니다."

도원수가 말했다.

"무엇을 세 가지 계책이라 하는가?"

정충신이 말했다.

"가령 반적이 새로 일어나 날랜 기세를 타고 곧장 한강(漢江)을 건너 진격해 승여(乘輿: 御駕)를 핍박한다면 안위를 알 수 없으니 이 것이 상책(上策)입니다. 양서(兩西: 해서와 관서)를 점거하고 모장(毛 將: 모문룡)과 결탁하여 위엄과 기세로 삼으면 조정에서 또한 쉽게 제어하지 못할 것이니 이것이 중책(中策)입니다. 샛길을 따라 경도 (京都: 한양)로 재빨리 나아가면 앉아서 빈 성을 지키는 것밖에 능히 할 수 있는 것이 없을 따름이니 이것이 하책(下策)입니다."

도원수가 말했다.

"자네가 계책을 세운다면 마땅히 어떤 계책으로 나오겠느냐?"

정충신(鄭忠信)이 말했다.

"이괄(李适)이 날래긴 하나 계략이 없으니 반드시 하책으로 나올 것입니다."

정충신이 임지로 돌아가는데 미처 안주(安州)에 도착도 하기 전에 반적이 이미 샛길로 나갔다는 말을 듣고 문서로 청했다.

「안주가 이미 반적의 후방에 있어 성을 지킬 필요가 없으니, 막하로 가서 지휘 받기를 원합니다.」

도원수가 이를 허락하였다. 이괄은 정충신이 도원수를 따른다는 말을 듣고 낙심하여 두려워하는 기색이 있었다. 도원수가 출병하려는데, 어떤 사람이 말했다.

"오늘은 직성(直星: 운수의 별)이 칠살(七殺: 凶星)이니 병가(兵家)에서 꺼립니다."

정충신이 말했다.

"어찌 부모가 병환이 있다는 말을 듣고도 날을 택해 가는 자가 있겠는가? 게다가 명분이 바른 군대는 사기가 왕성하다고 했으니, 어찌 점술에 얽매이겠는가?"

여러 사람들이 감복하였다. 이에 도원수는 정충신을 선봉대장(先鋒大將)으로, 남이흥(南以興)을 계원대장(繼援大將)으로 삼았다. 남이흥이란 자는 또한 당시 명장이었다. 그는 담력과 지략이 남보다 뛰어났으며, 그의 사위 류효걸(柳孝傑)은 용맹이 전군 가운데 으뜸이었는데, 둘 다 죄를 지어 옥에 갇혀 있었다. 도원수가 관서로 출병하며 주상(主上)에게 그들의 능력을 크게 칭찬하여 말했다.

"나라의 위기가 이와 같은데, 어찌 몇 자 정도의 썩은 부분이 있다고 하여서 방패 같고 성 같은 든든한 장수를 버리시겠나이까?"

주상은 이 말을 옳게 여겨 그들을 거듭 풀어주고, 아울러 그날로 종군하게 하였다. 남이흥(南以興)은 명가의 자제로서 스스로 호걸이라 여기고 남에게 지기 싫어하였는데, 평소에 정충신(鄭忠信)을 신분이 천하다고 가볍게 여기다가 그와 함께 같이 가게 된 것을 수치스럽게 여겼다. 이로 말미암아 두 사람은 사이가 나빠져 더불어 한 자리에 앉아 말하지도 않았다. 도원수가 두 사람을 불러 앉히고는, 나라를 먼저하고 개인적인 감정을 뒤로하라면서 깨우치며 충의(忠義)로 격려하였다. 두 사람은 도원수의 말에 크게 감동하여 깨달아서 서로 손을 맞잡고 즐겁게 술을 마신 뒤 형제가 되기로 약속하며 마침내 큰 공을 이루기로 하였다. 여러 사람들은 도원수의 사람을 알아보는 능력에 감복하였고, 두 장수의 개인적인 감정이 풀린 것을 훌륭하게 여겼다.

그리하여 반적을 추적하는 길에 나섰는데, 황주(黃州)의 신교(薪橋)에서 반적을 마주쳤으나 전세가 불리하자 다시 추적하여 파주(坡州)에 이르렀다. 이때 인조(仁祖)는 이미 남쪽으로 공주(公州)에 파천하였다. 이괄(李适)은 경성(京城: 한양)에 들어가서 경복궁(景福宮)에 주둔하고 흥안군(興安君) 이제(李瑅)를 추대하여 분수에 넘치게도 왕이라 칭한 뒤, 이충길(李忠吉)을 대장으로 삼아 경복궁(景福宮)을 호위하게 하였다. 이에, 도원수는 여러 장수들을 모아 계획을 세우려니 의견이 분분하였는데, 정충신(鄭忠信)이 큰 소리로 말했다.

"이미 힘을 합쳐 반적을 격파하지 못하고 반적이 경도(京都: 한양)를 침범하여 주상께서 도성을 떠나 피란하셨으니, 우리들의 죄는 죽어 마땅합니다. 승패를 논하지 말고 한번 싸우는 것을 어찌 그칠 수 있겠습니까? 장차 북산(北山)을 먼저 점거하는 편이 승리할 것이니, 이제 안령(鞍嶺: 길마재)을 차지하여 진을 치고 도성(都城)을 내려다보며 압박을 가하면, 반적들은 싸우지 않을 수 없을 것이고 싸우려 해도 올려다보며 공격해야 할 것입니다. 우리는 높은 곳에 올라서 편하게 틀림없이 저들을 격파할 수 있을 것입니다."

남이흥(南以興)이 말했다.

"충신의 계책이 훌륭합니다."

그러자 도원수는 정충신의 계책을 따랐다.

정충신이 앞서서 가고 모든 군사가 그 뒤를 이었다. 도원수가 영을 내려 천천히 말을 몰며 형편을 살피도록 하였으나, 정충신은 도리어 군중(軍衆)에 소리쳤다.

"도원수께서 영을 내리시어 빨리 진군하기를 독촉하셨으니, 채찍을 치켜 올려 빨리 달리고 진격하라."

경기 순찰사(京畿巡察使) 이서(李曙)가 도원수에게 서찰을 보냈다.

「반적들이 이미 도성을 점거하였으니 쉽게 공격할 수가 없사옵니다. 공(公: 도원수 장만)은 서쪽에 있고 우리는 동쪽에 있으니 적들의 식량보급로를 끊으면, 적들은 필시 궁지에 빠질 것입니다. 남군(南君)을 기다렸다가 그들과 협력하여 토벌하면, 일이 조금도 빈틈이 없을 것입니다.」

여러 사람들이 옳다고 여겼으나, 연양(延陽) 이시백(李時白)이 말했다.

"그렇지 않습니다. 반적들이 도성에 하루라도 더 머물러 있으면 모이는 무리들이 더 많아질 것이니, 질질 오래 끄는 전략이 무슨 도움이 되겠습니까? 이제 순리를 거스르고 형세가 달라진 데다 군사들이 마음으로 다 분개하니, 마땅히 그들이 안정되기 전에 날랜 기세를 타고 재빨리 쳐야 합니다."

도원수가 말했다.

"그 말이 옳도다."

"저는 정충신(鄭忠信)의 사람됨을 아는데, 반드시 이미 안령(鞍嶺: 길마재)에 올랐을 것입니다."

조금 있다가 앞서간 군대가 이미 안령에 도달했다는 보고가 왔다. 도원수가 놀라며 연양(延陽: 이시백)에게 말했다.

"정충신(鄭忠信)은 정말 용감하도다. 그대가 정충신이라고 할 수 있도다."

정충신은 먼저 날랜 기병 수십 명으로 하여금 남몰래 안령(鞍嶺)으로 올라가서 봉화를 든 역도의 졸개를 사로잡고 평소처럼 봉화를 들도록 하였다. 날이 저물어 어두워지자, 모든 군대가 차례로 도착하여 마침내 진을 펼쳤다. 정충신과 이희건(李希建) 등은 안령의 남쪽에 진을 쳐 선봉 진영이 되었고, 남이흥(南以興)과 변흡(邊潝) 등은 동쪽 진영이 되었고, 김완(金完) 등은 서쪽 진영이 되었고, 신경원(申景瑗) 등은 후방 진영이 되었고, 황익(黃瀷) 등은 중견(中堅: 중앙의 진영)이 되었는데, 별도로 정예군 수백 명을 보내어 상암(裳巖)에 잠복해 있다가 창의문(彰義門)을 방어하도록 하였다.

다음날 아침 반적들은 이러한 사실을 알게 되었다. 어떤 사람이 이괄(李适)에게 말했다.

"정예군은 모두 정충신에게 속해 있는데 도원수는 고군(孤軍: 지원이 없는 부대)을 거느리고 벽제(碧蹄)에 있으니, 북소리 한 번에 사로잡을 수만 있으면 곧바로 도원수는 무너질 것이고 선봉 군대[前軍]는 달아날 것입니다."

이괄이 관군 선봉대의 수가 적은 것을 보고는 말했다.

"저들을 멸하는 것은 쉬운 일이니, 여러 말 하지 말라."

그리고 명령을 내렸다.

"저들을 격파한 뒤에 아침밥을 먹으리라."

그 즉시 성문을 열고 출병해 두 갈래 길로 나뉘어 산을 포위하고서 오르기 시작했다. 한명련(韓明璉)이 선봉이 되어 곧장 관군의 선봉 진영으로 바싹 가까이 다가갔다. 이때 동풍이 급하게 불어왔는데, 반적들은 그 바람을 타고 맹렬히 공격하니, 화살과 탄환이 비

오듯 쏟아졌다. 아군은 산 정상을 이미 차지하고서 모두 죽음을
각오하고 싸웠다. 바람이 갑자기 돌아서 서북풍이 크게 일었는데,
반적들은 그 바람이 부는 방향에 있어서 먼지와 모래를 온 얼굴에
뒤집어썼다. 관군은 기세를 더욱 떨치니 큰 싸움은 묘시(卯時: 아침
6시 전후)에서 사시(巳時: 오전 10시 전후)까지 이어졌다. 반적 장수
이양(李壤)이 탄환에 맞아 죽고, 한명련이 다리에 화살을 맞았다.
마침 이괄(李适)의 진영에서 순차를 바꾸어 깃발이 움직이자, 남이
흥(南以興)이 멀리서 바라보며 큰소리로 말했다.

　"이괄의 진영이 무너졌다."

　이에, 반적의 병사들이 크게 패해 달아나느라 자기편끼리 서로
짓밟히고 산골짜기에 떨어져 죽은 자가 이루 헤아릴 수가 없었고,
더러는 흩어져 서강(西江)과 마포(麻浦)로 달아났다. 관군은 승세를
타고 추격하였는데, 소리를 지르고 펄쩍펄쩍 뛰며 한 사람이 열
사람을 당해내지 않는 이가 없었다. 반적은 마침내 대패하였으니,
곧 갑자년(1624) 2월 11일이었다.

　이때 도성의 백성들이 떼 지어 모여 서쪽 성에 올라 승패를 관망
하다가 마침내 돈의문(敦義門)과 서소문(西小門)을 닫아걸고서 반적
을 들이지 않았다. 이괄(李适)은 달아나다 남대문(南大門)을 통하여
성 안으로 들어갔다. 정충신(鄭忠信)이 추격하려 하자, 남이흥(南以
興)이 말했다.

　"오늘의 승리는 하늘의 도움이네. 며칠이 지나지 않아서 두 반적

의 머리가 이를 것인데 구태여 끝까지 추격할 필요가 있겠는가? 성 안에는 일정하지 않은 길이 많으니, 반적들이 매복을 해놓아 만일 득실이라도 있게 되면 어찌할 텐가?"

정충신이 말했다.

"질풍 같은 벼락소리에 귀를 막는데 이르지 못할 정도여야 하네. 이괄과 한명련(韓明璉)은 이미 간담이 서늘해져서 어느 겨를에 도모하겠는가? 재빨리 추격하면, 광통교(廣通橋)를 지나지 못했을 것이니 사로잡을 수 있을 것이네."

그러나 남이흥은 애써 만류하였다. 끝내 박진영(朴震英)을 보내어 동교(東郊)에 매복해 있다가 반적을 맞아 싸우게 하였다. 반적들은 밤에 병사들을 잠복시켜 놓고 수구문(水口門)으로 빠져 남쪽으로 도망갔다. 정충신이 류효걸(柳孝傑) 등을 거느리고 추격하여 경안역(慶安驛)에 이르자, 반적들이 멀리서 바라보기만 하고도 무너져 흩어졌다. 그 다음날 이괄의 부하(部下: 이수백과 기익헌)가 이괄과 한명련의 목을 베고 행조(行朝: 공주의 행재소)에 달려가 바쳤다. 이제(李堤: 홍안군)도 또한 체포되어 죽임을 당했다. 반란을 일으킨 지 17일 만에 반적들이 평정되었다.

여러 장수들은 거가(車駕: 어가)를 맞이하기 위해 경성(京城)에 머물렀으나, 정충신(鄭忠信)은 홀로 안주(安州)로 돌아가면서 말했다.

"나는 변방의 고을을 지키는 무신(武臣)으로서 속히 반적을 죽이지 못하고 왕의 수레가 피난길에 오르게 하였으니, 그 죄가 적지 않소이다. 마땅히 임지로 돌아가서 어명을 기다릴 뿐이외다."

주상이 도성에 돌아와서 역마(驛馬)로 정충신을 불러들여 만나고 금을 하사하였다. 마침내 일등공훈(一等功勳)에 책봉하여 갈성분위 출기효력진무공신(竭誠奮威出氣效力振武功臣)의 호를 내리고 금남군 (錦南君)에 봉했다. 정헌대부(正憲大夫)로 승진시켜 평안도 병마절도 사(平安道兵馬節度使)에 발탁하였는데, 정충신이 글을 올려 고사하 니, 주상이 대답하였다.

"경(卿)은 재주도 있고 지략도 있어 비록 노추(奴酋: 누르하치)가 침입해 오더라도 의당 담소하면서 처리할 수 있으니, 사양하지 말라."

정충신은 병으로 평안도 병마절도사를 그만두고 조정으로 돌아 왔다.

정묘호란 때에 정충신은 별장(別將)이 되어 장만(張晚) 체찰사의 막부(幕府)에 나아갔다. 그리고 대신들의 말을 받아들여 군중(軍中) 의 부원수(副元帥)가 되어 바야흐로 여러 도(道)의 병마를 징발해 방어책을 준비하였다. 마침 금인(金人: 후금)이 강화(講話)를 맺고 물러갔는데, 정충신이 일찍이 신풍(新豊) 장유(張維)에게 말한 적이 있었다.

"오랑캐가 쳐들어오더라도 마땅히 강화(講和)를 맺은 뒤에는 물 러갈 것이니 걱정할 것 없네."

과연 그의 말대로였다. 그 후에도 서쪽 변경에서 모문룡(毛文龍) 진영이 군사를 일으킨다는 헛되이 놀라게 하는 보고가 있자, 주상이 놀라서 이에 대해 물으니, 정충신(鄭忠信)이 말했다.

"반드시 그러하지 않을 것이옵니다."

경오년(1630)에 후금의 대군이 쳐들어와서 의주(義州)에 주둔하였는데, 후금 장수 영아아대(英我兒岱: 龍骨大)가 날랜 기병을 이끌고 안주(安州)에까지 이르니 온 나라의 백성들이 떨면서 무서워하자, 정충신이 말했다.

"저들이 필시 크게 군사를 일으켜 서쪽으로 산해관(山海關)을 쳐들어가려는 것인데, 이렇게 되면 우리가 그들의 뒤에서 도모할까 염려한 것이니, 다른 걱정은 없을 것이다."

그 후에 모두 정충신의 말과 같았다. 여러 번 도총관(都摠管)과 비변사 제조(備邊司提調)를 겸하였는데, 정충신이 수차례 병을 앓자 주상이 그때마다 의원을 보내어 살펴보게 하였고 하사하는 것이 계속 되었다.

모문룡(毛文龍)이 죽고 진계성(陳繼盛)이 대신하였는데, 유흥치(劉興治)가 제멋대로 진계성을 죽이고 청(淸: 후금)과 내통하였다. 인조(仁祖)가 장차 군사를 일으켜 죄인을 토벌하고자 하면서 '누구를 장수로 삼을 만하겠는가?'고 물었다. 정충신(鄭忠信)이 가겠다고 자청하니, 주상이 기뻐하여 말했다.

"경(卿)이 병을 무릅쓰고 몸을 바치려 하니, 내 다시 무엇을 걱정하겠소?"

정충신으로 하여금 수군을 거느리게 하고 총융사(摠戎使) 이서(李

曙)로 하여금 보병과 기병을 거느리게 하여 바다와 육지로 동시에 진격하도록 명하였다. 정충신이 이미 도착하여 해상에서 병력을 떨치니, 섬의 무리들은 두려움에 떨었다. 마침 유흥치(劉興治)는 황제의 칙서를 받은 것이라며 핑계를 대고 화친(和親)을 구하고, 명나라 경략(經略) 손승종(孫承宗)도 또한 자문(咨文: 외교공문서)를 보내어 놓아주기를 청하자, 주상이 이에 군대를 철수하도록 명하였다. 이 전쟁에서 군사가 미처 교전도 하지 않았지만 의기가 중국에까지 알려졌다. 그 후에 명나라 병부(兵部)가 자문(咨文)을 보내어 칭찬하였다.

「지난번 귀국이 유흥치를 섬멸하려고 도모하지 않았더라면 제노(齊魯: 산동성)가 거의 편안하지 못할 뻔했다.」

정충신은 서쪽 변경에 오랫동안 있었는데, 북방의 후금 세력이 점점 번성하였는데, 정충신이 이를 깊이 우려하여 여러 차례 글을 올려 적절한 대비책을 논하였으니, 이러하다.

「오랑캐가 정묘년(1627)에 맹약을 받은 것은 우리가 능히 그들의 목숨을 마음대로 제어할 수 있었기 때문이 아니라, 다만 그들의 뜻이 황조(皇朝: 명나라)를 침범하고자 엿보는데 있었기 때문입니다. 비유하자면, 고라니를 쫓는 개는 이리처럼 뒤를 돌아보지

않는 것과 같을 뿐이옵니다. 저들은 이미 방자하여서 두려운 것
이 없는지라, 만일 군사를 훈련하고 말을 배불리 먹이지 않으면
황조(皇朝)를 두려움에 떨게 하면서 반드시 요좌(遼左: 조선)에 납
작 엎드리지 않고서 여년을 보낼 것이니, 이것이 우리나라의 시름
거리입니다. 속히 세금을 걷어 군비를 증강하여서 미처 생각하지
못했던 사태에 경계하기를 꺼리지 않아야 하는데, 어찌하여 일절
머무적거리기만 하옵니까? 청하옵건대, 양서(兩西: 관서와 해서. 평
안도와 황해도)의 큰 고을에 모두 산성(山城)을 쌓고 그 인근의 일
부 고을에도 함께 성을 쌓아 협력해 수비하면서, 전쟁이 없으면
나가 경작을 하고 전쟁이 있으면 들을 깨끗이 없애버린 뒤 성에
들어가 보전하도록 하소서. 초도(椒島)에 진(鎭)을 설치하고 다시
광량진(廣梁鎭)을 설치하여 해상방위를 튼실하게 하소서. 안주(安
州)는 요충지로 지킬 만한 곳이고, 영변(寧邊)은 형세상 서로 이와
입술처럼 긴밀한 곳이니, 각기 장수를 배치하고 군비를 증강하소
서. 한 상장군(上將軍)에게 명하여 양서(兩西: 관서와 해서)의 요충
지에 부(府)를 개설하고 양도(兩道: 평안도와 황해도)의 병력을 덜어
내어서 방어하는 데에 오로지 온 힘을 다하게 하면, 육도(六道)가
편안해져 백성들이 농사를 짓기를 즐거이 할 것이옵니다. 변방에
봉화가 한 번 올라서 팔로(八路: 八道)가 소란해지는 것보다는 낫
지 않겠사옵니까? 전쟁이 생길 때마다 대거 삼남(三南: 영남, 호남,
호서)의 병력을 징발하여 멀리 서쪽 변방으로 가게 하지만, 변란
을 구원하는 데에 미치지 못하고 징발 군사들이 오가면서 부질없

이 백성들에게 소란을 피우는 폐를 끼치고 있사옵니다. 마땅히
각 도(道)에 명을 내려 해마다 3,000명 정도만 징발하여 안주(安州)
에 수자리를 교대로 살게 하되 5년이 될 때 교체하게 하소서. 또
오랑캐는 우리가 그들에게 사신을 보내지 않아서 몹시 화를 낸다
고 하지만, 이미 그들과 맹약을 맺었더라도 개돼지가 천리(天理)
를 거스르는 것을 족히 함께 따지겠사옵니까? 그러나 속히 언변
이 있는 자를 보내어 좋은 말로 그들의 원망을 잠재워야 할 것이
옵니다.」

조정에서는 정충신(鄭忠信)의 건의를 모두 다 쓸 수 없었다.

이보다 앞서 후금의 소도리(所道里)가 와서 세폐(歲幣: 공물)를 요
구하였다. 주상이 여러 신하들을 불러 의논하였는데, 신하들 모두
가 "들어주어서는 안 된다."고 했으나, 김시양(金時讓)·이서(李曙)만
이 말했다.

"예로부터 적과 화친을 맺으면 일찍이 세폐(歲幣)가 없었던 적이
없었습니다."

그러나 주상은 이를 따르지 않았다. 후금 장수가 노하여 돌아갔
는데, 회답사(回答使) 신득연(申得淵)이 심양(瀋陽)에 들어갔으나, 노
추(老酋: 홍타이지)가 만나주지도 않고 국서를 받지도 않았다. 이때
나라에 병사가 없고 저들은 바야흐로 틈을 엿보고 있는데도, 조정
의 신하들은 '오랑캐와의 화친을 끊어야 한다.'고 다투어 말하고

'청의(淸議: 고결한 의론)'라 하니, 대신들이 뜻을 굽혀 따랐다. 이 무렵, 김대건(金大乾)으로 하여금 국서를 가져가게 했는데, 세폐(歲幣)를 거부하고 화친을 끊는다는 것이었다. 그리고 팔도의 병사들을 징집하여 강도(江都: 강화도)를 지키면서 변란을 대비하자고 의논하였다. 정충신(鄭忠信)은 체찰사(體察使) 김시양(金時讓)과 함께 안주(安州)에 있다가 이를 듣고 탄식하며 말했다.

"이는 재앙을 재촉하는 책략이다. 어찌 적이라 해서 아무런 생각 없이 왔겠는가? 우리 스스로가 저들을 불러들이는 것이니, 오랑캐 군사들이 김대건의 발꿈치를 뒤따라 올 것이다."

이에, 김대건을 국경에 머물러 있게 하고 함께 상소하였다.

「청하건대, 오랑캐에게 보내는 글을 고쳐서 변란을 일으키지 마소서.」

주상이 노하여 하교(下敎)하였다.

"김시양과 정충신이 함부로 사신을 머무르게 하고 조정을 지휘하려 드니 그들의 머리를 베어 여러 사람을 경계하지 않으면 조정의 위엄이 엄숙할 수가 없도다. 효시를 논하라."

여러 대신들이 말했다.

"이것은 전쟁터에서 실수하거나 그르친 것이 아니니, 마땅히 먼저 잡아들여 국문(鞫問)부터 해야 합니다."

 주상이 그대로 따랐다. 비록 그렇게 했지만 명을 내려 후금에게 보내는 글의 내용을 고치도록 명하여 적을 노하지 않게 하였다. 김대건(金大乾)이 심양(瀋陽)에 들어갔으나, 오랑캐가 여전히 노하여 답서를 받지 못하고 돌아왔다. 주상이 겁을 먹고 비로소 세폐(歲幣)를 허락하였다.

 정충신(鄭忠信)은 국력이 약하여 북쪽 오랑캐를 감당할 수 없음을 깊이 알았으나, 논의하는 자들은 오랑캐가 두려워할 만한 것까지 없다고 다투어 말하였다. 병자호란(丙子胡亂)이 일어난 뒤에야 주상이 김시양(金時讓)의 상소문에 답했다.

 "지난날 남한산성(南漢山城)에 있을 때 매번 경(卿)의 말을 생각했었노라."

 아마도 뒷날에 김시양과 정충신 두 사람이 올린 상소문을 기억하고 말한 것이리라. 이때 정충신은 심문을 받고 당진(唐津)으로 유배되었다. 얼마 지나지 않아 사면되어 광주(光州)로 돌아왔다.

 정충신은 비록 무장이었지만 또한 평소 행실을 잘 닦았고 《춘추좌씨전(春秋左氏傳)》과 태사공서(太史公書: 史記)를 즐겨 읽었다. 이미 큰 공을 세워 지위가 상장군(上將軍)에 이르렀으나, 집안에서는 청렴하고 검소하여 옷 입는 것이 서생(書生)과 같았다. 여러 사람들은 정충신(鄭忠信)이 계책을 세울 때 언제나 나라를 위해 충성을 다하는 것을 보고서 모두 귀중히 여겼다. 포도대장(捕盜大將)과 내섬시제조(內贍寺提調)에 제수되었다가 경상우도 절도사(慶尙右道節度使)로 전보되었지만, 병으로 인하여 교체되어 돌아왔다. 병자년(1636) 여름에 병이 심해지자, 주상은 의원에게 그를 돌보도록 명을 내리고 매월 음식물을 보냈다. 의원이 인삼 몇 근을 써야 하는데 계속 청하기가 어렵다고 하자, 주상이 말했다.

"이 사람을 치료할 수만 있다면 국력을 다 기울인다 해도 아깝지 않거늘, 하물며 몇 근의 인삼임에랴."

정충신이 죽자, 주상이 교서를 내렸다.

「정충신은 대대로 국가의 녹을 먹는 가문의 출신이 아니었으면서도 왕실(王室: 국가)에 충성을 다하여 종묘사직을 편안하게 하다가 병으로 죽었으니, 내 매우 슬프도다. 유사(有司: 담당관리)로 하여금 예장(禮葬)하도록 하라.」

또 중관(中官: 내시)에게 호상(護喪)을 명하고, 어포(御袍: 御衣)를 수의(襚衣)로 쓰게 하였다. 그해 봄에 경도(京都: 한양)에서는 왜구가 쳐들어온다는 말이 와전된 적이 있었는데, 정충신이 말했었다.

"왜인들은 불러도 오지 않을 것이나, 나라의 크나큰 걱정거리는 바로 후금이다."

조정의 논의가 또 척화(斥和)하는 일에 미쳐 사신을 보내어 단교를 알리자고 하였다. 정충신(鄭忠信)은 병으로 고생하면서도 이를 듣고 크게 탄식하며 말했다.

"국가의 존망이 올해에 결딴나겠구나."

그해 12월에 후금이 과연 대거 쳐들어와 마침내 남한산성(南漢山城)이 포위되고 말았다.

애초에는 정충신이 정병(正兵)으로 일찍이 절도영(節度營)에 매여 있으면서 어느 노기(老妓)의 집에 묵었는데, 그 노기가 절도사 잔치에서 남은 음식을 가져다가 주자, 정충신은 그것을 물리치고 먹지 않으며 말하기를, '대장부가 마땅히 절도사가 되어 자기의 남은 음식을 남에게 먹일지언정, 어찌 남의 턱밑에 남은 음식을 먹을 수 있단 말인가?' 하였다. 그의 의지와 기개의 도도함이 어릴 때부터 이미 이와 같았다. 볼하 첨사(乶下僉使)가 되었을 때 지은 시가 있다.

천년 지난 흔적엔 간간이 새 날아들고   千年往迹鳥飛間
문숙공의 비에는 푸른 이끼만 끼었네.   文肅公碑碧蘚斑
우습구나, 옥문관으로 돌아온 반정원후여   可笑玉門班定遠
몇 년 고생하며 살아 돌아오길 바랐던가.   數年辛苦乞生還

평소의 자부심을 또한 엿볼 수 있다. 그는 한미한 처지에서 떨쳐 일어나 우뚝하게 중흥의 명장이 된 것은 대개 이유가 있었던 것이다.

『《해동명장전》 권6, 홍양호 편』

鄭忠信傳

洪良浩(1724~1802)

鄭忠信, 湖南光州人。字可行, 高麗名將鄭地之後也。忠信生
地微, 幼屬節度營正兵, 兼隸府知印。

宣廟壬辰, 倭寇大至。時權慄爲光州牧使, 起兵討賊, 忠信以
知印, 常在左右, 權公絶愛幸[1]之。一日, 權公嘗送兵, 偵探于敵
陣, 忠信請同往。權公呵之曰: "汝小兒, 往將何爲?"忠信固請,
遂遣之, 馳到賊陣, 賊已退去。忠信周視村家, 有破甕倒覆, 戲而
射之。有一病倭隱伏, 中箭而死, 遂斬其首, 懸旌竿而來, 權公大
奇之。

上西幸義州, 權慄陞爲巡察, 起兵討賊。將以兵事聞, 募能以
狀達行在者, 莫有應。忠信奮身請行, 時年十七。是時賊兵滿路,
忠信杖劍獨行, 晝夜數千里, 達于行朝。當是時, 李鰲城恒福, 爲
兵曹判書, 謂從者曰: "是兒遠來, 無所投止, 其以舍諸我."因留
與衣食, 授之史書。忠信警悟絶人, 文義日進, 遇事無難。李公大
悅, 親愛如父子。其門下名士, 如李延陽時白, 張新豐維, 崔完城
鳴吉, 皆折輩行[2]屏人地[3]爲交。白沙嘗曰: "若投劍挾冊, 不害[4]

---

1) 愛幸(애행): 아랫사람을 남달리 귀엽게 여겨 사랑함.

爲一世之高士."

　秋, 登行朝武科。上語鰲城曰:"卿嘗謂忠信才, 今出身矣。其
以來見."及見, 上獎之曰:"年尙少, 稍長可大用."累從張公晚爲
裨佐, 張公亦奇愛之。又隨吳公允謙, 入日本還。歷官至昌洲僉
使, 所在著名。及光海君時, 白沙抗議爭廢母, 竄北靑。忠信從行
間關[5]嶺海[6], 一意[7]匪懈記, 其時變梗槪, 遷謫終始, 以至道路跋
涉之艱, 人情厚薄之際, 纖悉畢載, 爲北遷錄。仍服心喪三年。

　忠信爲人短小, 目如曙星, 美容姿, 有口辯英果, 好氣義, 善料
事, 多懸中。辛酉, 朝廷將遣忠信, 探建州虜情。時毛文龍鎭椵
島, 藉皇朝重誅索無度, 候我動靜以甚之。朝廷恐見疑, 先使忠
信潛往, 忠信曰:"此欲無見疑, 而事終發, 反被疑誣."乃上疏曰:
「今臣之行, 非刺客奸人, 旣不可匿跡。全遼之衆, 豈無一二人走
通於文龍者? 且文龍以不厭所求望我方深, 若反其實而誣我於中
朝, 臣恐參母之杼, 不待三至而投也。莫如奏聞天朝, 移帖毛鎭,
事明白, 乃無悔。否者, 臣雖戮死, 不敢奉命.」朝議然之, 移咨經

---

2) 輩行(배행): 나이가 서로 비슷한 친구.

3) 人地(인지): 인품과 가문. 문벌.

4) 不害(불해): 아무런 문제가 없음. 무방함. 손색이 없음.

5) 間關(간관): 험난한 길.

6) 嶺海(영해): 廣東과 廣西 지방을 가리킴. 그 지방이 북쪽으로는 五嶺에 의지하고,
남쪽으로는 바다에 임했기 때문에 이렇게 칭하게 된 것으로, 궁벽한 유배지를 가리키
는 말로 쓰인다.

7) 一意(일의): 오로지.

略府, 帖告毛鎭。

然後乃行, 旣入虜中, 與諸酋言。諸酋皆服, 又問忠信曰：“爾國, 每謂我爲賊, 何也？”答曰：“爾有盜天下心, 非賊而何？”諸酋大笑。於是, 盡得其要領, 歷見毛文龍, 悉診賊情而歸, 且告人曰：“是虜將爲天下患, 何但我國憂也？”擢滿浦僉使, 移平安道兵馬虞候。

仁祖癸亥, 拜安州牧使, 兼防禦使。未幾, 李适反。當是時, 張晩爲都元帥, 鎭平壤, 适爲副元帥, 鎭寧邊, 以備北虜。适, 驍將也, 素稱善兵, 精卒數萬及降倭劍士, 悉隷之。适新策元功, 忿爵賞不滿, 意有陰謀。其黨文晦上變, 發捕适。遂斬奉命者宣傳官‧禁府都事, 約龜城府使韓明璉, 擧兵反。或謂張元帥曰：“忠信與善, 其無爲賊用乎？”元帥曰：“此子豈背君父從賊者？”言終忠信至。元帥以擅棄城數忠信, 將榜之, 忠信曰：“賊意在疾趣, 必不由安州, 且安州, 無兵可守城, 徒死無爲也。故來聽調麾下, 去留惟命。”於是, 元帥引與坐, 問曰：“今賊計將安出？”忠信曰：“有上中下三策。”曰：“何謂也？”曰：“使賊乘新起之銳, 直渡漢江, 進逼乘輿, 安危未可知, 此上策也。跨據兩西, 結毛將爲聲勢, 朝廷亦未易制, 此中策也。從間途, 疾趣京都, 坐守空城, 無能爲耳, 此下策也。”曰：“以君計之, 當出何策？”忠信曰：“适銳而無謀, 必出下策。”忠信還, 未到安州, 聞賊已趣間路, 牒請曰：“安州已在賊後, 無事於守鎭, 願赴幕受指。”元帥許之。适聞忠信從元帥, 憮然有

憚色。元帥將出兵, 或言:"是日直星七殺, 兵家忌之." 忠信曰:"焉
有聞父母之病而擇日而行者? 且師直爲壯, 奚拘於術家?" 衆乃
服。於是, 元帥以忠信爲先鋒大將, 南以興爲繼援大將。南以興
者, 亦當時名將也。膽略過人, 其女壻柳孝傑, 勇冠三軍, 俱以罪
繫獄。元帥之西出也, 盛言其能曰:"國危如此, 何可以數尺之朽,
棄干城之將乎?" 上重釋之, 幷卽日從軍。以興, 名家子, 負氣自
豪, 素輕忠信賤微, 羞與爲儕。由是兩人有隙, 不與同席語。元帥
招兩人坐, 諭以先國家後私怨, 激以忠義。兩將感悟, 握手驩飮,
約爲兄弟, 卒成大功。諸公皆服元帥知人, 而多兩將之釋怨也。

於是, 行追賊, 遇于黃州之薪橋, 戰不利, 又追至坡州。當是
時, 仁祖已南幸公州。适入京城屯景福宮, 推興安君禔僭號, 李忠
吉爲大將以衛之。元帥會諸將計事, 言多異同, 忠信大言曰:"旣
不能戮力破賊, 賊犯京都, 君父播越, 吾屬罪當死。毋論勝敗, 一
戰烏可已? 且先據北山者勝, 今據鞍嶺而陣, 俯壓都城, 賊不得不
戰, 戰卽仰攻。我乘高得便, 破之必矣." 南以興曰:"忠信之策
善." 元帥從之。

忠信先行, 諸軍繼之。元帥令徐驅視便, 忠信反呼于衆, 曰:
"元帥有令促進兵, 揚鞭疾馳以進." 京畿巡察使李曙, 與元帥書
曰:「賊已據都城, 未易擊。公在西我在東, 絶其餉道, 賊必窘。待
南軍至協討, 事萬全.」 諸公以爲然, 李延陽時白曰:"不然。賊在
城一日, 聚衆益多, 何益於持久? 今逆順異形, 士心咸憤, 宜及其

未定, 乘銳疾擊." 元帥曰: "然." "我知忠信爲人, 必已登鞍嶺矣."
俄報前軍已到鞍嶺. 元帥驚喜, 謂延陽曰: "勇哉忠信! 君可謂忠
信矣." 忠信先令輕騎數十, 潛行上嶺, 獲烽卒, 擧火如他. 日昏
暮, 諸軍以次至, 遂布陣. 忠信與李希建等陣其南爲前營, 南以興
邊瀣等爲東營, 金完等爲西營, 申景瑗等爲後營, 黃㵐等爲中堅,
別遣精卒數百, 伏裳巖以防彰義門.

朝日, 賊覺之. 或說适曰: "精銳皆屬忠信, 元帥以孤軍在碧蹄,
一鼓可禽, 卽元帥敗, 前軍走矣." 适見前軍少, 曰: "滅之易耳, 毋
多言." 因令曰: "破此後食." 卽開門出兵, 分兩路, 包山而上. 明
璉爲前鋒, 直薄前營. 時東風急, 賊乘風疾攻, 矢丸如雨. 我軍旣
處山頂, 皆殊死戰. 風忽轉而西北, 賊在下風, 塵沙撲面. 官軍氣
益奮, 大戰自卯至巳. 賊將李壤中丸死, 明璉中箭却. 會适易次
旗動, 南以興望見大呼曰: "李适敗矣." 於是, 賊兵大奔, 自相蹂
藉, 墜澗谷死者, 不可勝數, 或散走西江麻浦. 官軍乘勝追擊, 叫
噪踴躍, 無不一以當十. 賊遂大敗. 卽甲子二月十一日也.

時都民屯聚, 登西城, 觀望勝敗, 遂閉昭義門·敦義門以拒
賊. 适走入南大門. 忠信欲追之, 以興曰: "今日之捷, 天也. 不出
數日, 兩賊之頭當至, 何必窮追? 城中多阨巷, 使賊設伏, 脫有得
失, 奈何?" 忠信曰: "疾雷不及掩耳. 适·明璉, 已破膽矣, 奚暇爲
謀? 疾追, 不過廣通橋, 就禽耳." 以興力止之. 遂遣朴震英, 伏東
郊以邀賊. 賊夜潛兵, 出水口門南走. 忠信率柳孝傑等, 追及於

慶安驛, 賊望風而潰. 明日, 賊麾下, 斬适·明璉首, 走獻行朝. 瑅亦捕誅. 自起兵凡十七日而賊平.

諸將爲迎車駕留京, 忠信獨還安州曰: "吾以邊邑將臣, 不亟誅叛賊, 使乘輿蒙塵, 罪不小矣. 惟當還任以俟命." 上還都, 驛召引見, 賞金帛. 遂策勳一等, 賜竭誠奮威出氣效力振武功臣號, 封錦南君. 秩正憲大夫, 擢平安道兵馬節度使, 忠信上章固辭, 上答曰: "卿有才有智, 奴酋雖來, 宜可談笑當之, 宜勿辭." 病免還朝.

丁卯之亂, 忠信爲別將, 赴張晚體府幕. 用大臣言, 卽軍中拜副元帥, 方調諸道兵馬, 爲備禦計. 會金人講和退, 忠信嘗語張新豐維曰: "賊來當得和乃去, 不足憂." 果然. 其後西邊虛驚報毛鎭動兵, 上驚問之, 忠信曰: "必不然." 庚午, 金大兵來屯義州, 金將英我兒岱率輕騎至安州, 中外震恐, 忠信曰: "彼必大擧, 西入關, 此恐我議其後耳, 無他虞." 已而, 皆如忠信言. 累兼都捴管, 備邊司提調, 忠信數被病, 上輒遣醫視, 賜予相續.

毛文龍死, 陳繼盛代之, 劉興治擅殺繼盛, 與淸通. 仁祖將興師討罪, 問'誰可將者?' 忠信請行, 上說曰: "卿能力疾忘身, 予復何憂?" 命忠信領舟師, 而捴戎使李曙率步騎, 水陸幷進. 旣至, 揚兵于海上, 島衆震讋. 會興治稱受皇勑乞款, 經略孫承宗, 亦移咨請釋之, 上乃命班師. 是役也, 兵未交鋒, 然義聲聞于中國矣. 後兵部移咨褒之曰: 「向非貴國圖剪興治, 齊魯幾不寧矣.」

忠信在西邊久, 北金人勢浸盛, 深憂之, 數上書論便宜, 言: 「丁卯之受盟, 非吾能制其命, 特其意規犯皇朝。比如逐羶之狗, 不狼顧耳。彼旣肆然無畏, 苟不治兵秣馬, 震驚皇朝, 必不帖伏遼左以送餘年, 此東國之憂也。亟宜不憚征繕, 以戒不虞, 何可一切婾婀爲也? 請於兩西大州邑皆置山城, 部分旁近邑同築而憣守, 無事則出耕, 有事則淸野入保。設鎭椒島, 復設廣梁鎭, 以實海防。安州要害可守, 寧邊勢相脣齒, 各置將增備。命一上將, 開府兩西之衝, 捐兩道之力, 專於守禦, 則六道晏然, 民樂耕桑。孰與邊烽一擧, 八路騷然者哉? 每有事, 大發三南兵, 遠赴西邊, 無及於援, 往來徒擾弊民。宜令諸道, 歲調止三千, 遞戍安州, 五歲而更。又言彼以我不送使怒甚, 旣與修盟, 犬羊之逆, 何足與數乎? 宜疾遣有口辯者, 善辭而息怨。」朝廷不能盡用。

先是, 金將所道里, 來請歲幣。上召諸臣議, 皆曰: "不可許." 獨金時讓·李曙曰: "自古與敵和, 未嘗無幣." 上不從。金將怒還, 回答使申得淵入瀋, 金酋不見不受書。是時國無虞, 彼方求釁, 而朝臣爭言絶和, 謂爲淸議, 大臣撓而從焉。至是, 遣金大乾爲書, 拒歲幣告絶。議徵八道兵, 保江都以待變。忠信與體察使金時讓, 在安州, 聞之歎曰: "此趣禍之術也。焉有敵無意來? 自我召之者, 兵踵大乾來矣." 於是, 留大乾境上, 同上疏曰: 「請改爲書, 毋激變。」上怒下敎曰: "金時讓·鄭忠信, 擅留使臣, 指麾朝廷, 不斬首警衆, 無以震肅。其議梟示." 諸大臣言: "此非臨陣失誤, 宜先逮鞫." 上從之。雖然, 命改書辭, 毋怒敵。大乾入瀋, 敵猶怒, 不得報還. 上懼, 始許歲幣.

忠信深知國力弱不能當强敵, 而論者爭言不足畏. 及丙子亂後, 上答金時讓疏曰:"曩在南漢, 每思卿言." 蓋追記兩人疏論也. 是時, 忠信下吏, 配唐津. 未幾赦還光州.

忠信雖武將, 也內行修, 好讀左氏傳太史公書. 旣建大功位上將, 居家廉儉, 被服如書生. 諸公見忠信籌略, 常爲國家盡忠, 咸倚重焉. 超授捕盜大將·內瞻寺提調, 遷慶尙右道節度使, 病作遞還. 丙子夏, 病甚, 上命醫救之, 月致食物. 醫言當用人參數斤, 而重於續請, 上曰:"可療此人, 竭國力無惜, 况數斤人參乎?" 及卒, 上下敎曰:「鄭忠信, 人非世祿, 盡忠王室, 以安宗社, 病勞瘁以歿, 予甚悼焉. 其令有司禮葬.」 又命中官護喪, 襚以御袍. 是年春, 京都訛言倭寇至, 忠信曰:"倭人召之不來, 國之大憂, 乃金人耳." 及廷議又斥和事, 送使告絶. 忠信方病困, 聞之太息曰:"國家存亡, 決於今歲矣." 是歲十二月, 金人果大入, 遂有南漢之圍.

始忠信之爲正兵也, 嘗縶赴節度營, 舍於老妓, 老妓以節度宴餘物饋之, 忠信却不食曰:'大丈夫當身爲節度使, 以己餘食人, 焉能啖人頷下物乎?' 其志氣之高亢, 自少已如此. 爲乶下[8]僉使時, 有詩曰:"千年往迹鳥飛間, 文蕭公[9]碑碧蘚斑. 可笑玉門[10]班

---

8) 乶下(볼하): 甫乙下. 함경북도 會寧郡 甫乙面에 있는 지명.

9) 文蕭公(문숙공): 尹瓘(?~1111)의 시호. 본관은 坡平, 자는 同玄. 문과에 급제하고 승진하여 吏部尙書 翰林學士에 임명되었다. 이때 女眞은 東北境에 자리 잡고 살아 변경의 소란이 끊이지 않았다. 肅宗 때 林幹을 장수로 삼아 여진을 토벌하려 했지만 오히려

定遠[11], 數年辛苦乞生還." 平日自負, 亦可相見矣. 其奮起寒逖,
傑然爲中興名將, 蓋有以也。

『《海東名將傳》 卷六. 洪良浩 編』

크게 패배했다. 그리하여 왕은 윤관으로 하여금 대신 공격하게 했지만 다시 성과를
거두지 못했다. 윤관은 돌아와서 적군과 아군 병사들의 장단점을 깊이 살펴 새로 武班
을 설치하고, 州縣으로부터 활쏘기와 말 타기에 능한 사람들을 모집하여, 여러 해 동안
군사를 훈련시켰으며, 무기와 식량을 완벽하게 준비했다. 이리하여 1107년에 윤관을
元帥로 삼고, 吳延寵을 부원수로 삼아, 다시 여진 정벌에 나섰다. 이때 군대는 모두
17만 명이었으며, 道鱗浦에서 군함을 타고 원정길에 올랐다. 윤관 등은 여진 땅에 도착
하여 그 소굴을 공격하여 큰 승리를 거두고, 英州, 雄州, 福州, 吉州 등 9城을 쌓았으
며, 碑를 公嶮에 세우고 경계로 삼았다.

10) 玉門(옥문): 玉門關. 중국 甘肅省 燉煌 서쪽에 있던 관문. 서역을 왕래하는 길목이다.

11) 班定遠(반정원): 후한의 명장 班超. 흉노의 지배하에 있던 서역의 50여 국을 항복받
고 定遠侯에 봉해졌다. 70세가 넘어 오랫동안 객지에 머물러 있게 되자, 생전에 옥문
으로 들어가 중국 본토를 밟아보는 것이 소원이라고 상소하였으나, 후에 귀향할 적에
玉門關을 통과하여 돌아왔지만 얼마 지나지 않아 세상을 떠났다.

해동명신록의 대강

정 장군(鄭將軍)은 본디 광주(光州)의 지인(知印)이었다. 총명함이 출중하여 권 원수(權元帥: 권율)가 목사(牧使)였을 때에 그를 남달리 귀엽게 여기고 아꼈다. 임진왜란 때 나이가 17살이었는데, 목사가 전라도 관찰사로 승진하여 근왕병(勤王兵)을 일으키자 정충신(鄭忠信)이 따랐다. 관찰사가 군사를 왜적을 정탐하도록 적진에 보내려 한 적이 있는데, 정충신이 함께 가기를 청했다. 권공(權公)이 꾸짖어 말했다.

"너는 어린아이로 간들 장차 무엇을 할 수 있겠느냐?"

그래도 정충신이 고집스레 청하여 마침내 보내어졌는데, 달려서 적진에 이르렀지만 왜적들이 이미 퇴각해버려 없었다. 정충신이 시골집을 둘러보니 깨어진 독이 엎어져 있었다. 정충신이 장난삼아 활을 쏘았는데, 독 안에 어떤 병든 왜적이 숨어 있다가 그 화살에 맞아 죽자, 마침내 그의 머리를 베어 깃대 위에 매달아 오니, 권공(權公: 권율)이 매우 기특해하였다. 그 후에 장계(狀啓)를 행재소(行在所)의 조정에 보내려 하니, 이때 왜적들이 관서 지방의 길에 가득하여 아무도 기꺼이 가려고 하지 않았다. 유독 정충신만이 가기를 청하여 낮에는 숨었다가 밤이면 길을 갔는데, 산을 넘고 물을 건너 의주(義州)에 도달하였다. 때마침 행재소(行在所)의 조정이 과거를 시행하여 마침내 과거에 급제하였다. 권공(權公: 권율)이 죽은 뒤에 백사(白沙) 이상(李相: 이항복)이 또한 정충신(鄭忠信)을 아껴서 항상 좌우에 두었으며, 그의 자를 가행(可行)이라 하여 추천하고 발탁해서 끝내 명장이 되도록 하였다. 만포첨사(滿浦僉使), 평안도와 경상도 양도의 병사(兵使)를 역임하였다. 인조(仁祖) 초년에는 부원수 이괄(李适)의 난을 토벌하고 평정하였으니, 진무(振武) 1등 공신으로 책훈되었고 금남군(錦南君)에 봉해졌다.

海東名臣錄略

鄭將軍, 本光州知印。 穎悟出衆, 權元帥爲牧使時, 絶愛幸之。 壬辰之亂, 年十七, 牧使陞爲本道方伯, 起兵勤王, 忠信從之。 方伯嘗送兵, 偵探于賊陣, 忠信請同往。 公呵之曰: "汝小兒, 往將何爲?" 忠信固請, 遂遣之, 馳到賊陣, 則賊已退去。 忠信周視村家, 有破甕倒覆。 忠信戲而射之, 甕中有病倭隱伏, 中箭而死, 遂斬其首, 懸於旗竿而來, 權公大奇之。 其後, 欲送狀啓于行朝, 則時賊兵彌滿西路, 人莫肯去。 獨忠信請行, 晝伏夜行, 踰山越海, 得達義州。 適値行朝設科, 遂登科。 權公旣沒, 白沙[1]李相

亦愛之, 常置左右, 字曰可行, 推薦拔擢, 終爲名將。爲滿浦僉使,
平安慶尙兩道兵使。仁祖初年, 爲副元帥, 討平賊适, 錄振武元
勳, 封錦南君。

『《晩雲集》附錄 卷之三〈撫錄〉』

---

1) 白沙(백사): 李恒福의 호. 이항복은 권율의 무남독녀 외동딸을 아내로 삼았으니, 사
   위와 장인 사이다.

찾아보기

영인자료

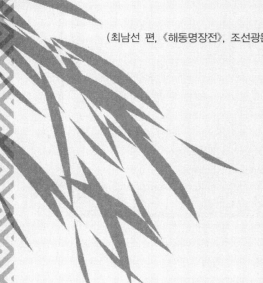

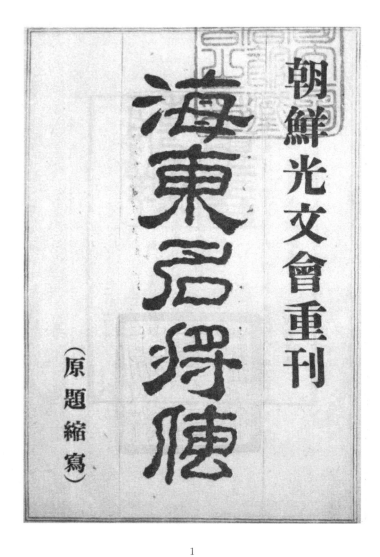

海東名將傳卷之六 〔本朝〕 鄭忠信

夫嗚呼可白其營糧泯其靈應爲厲鬼共作陰兵或下金石或上雷霆其檄猷掃蕩醜窟

嗚呼晉山峨峨晉水洋洋悠悠此恨山高水長德齡起兵初入無等山歸夜則有靑白

氣蜿滿一洞山鳴又五六日人多奇之識者皆以爲不吉之兆至是果驗德齡死後一百五

十年之間嶺湖之人莫不痛惜朝廷終無伸理者白軒李景奭獻議請伸朝議不咸至 英

廟初年李匡德按湖南啓聞辨其冤誣立祠安靈士民大悅

鄭忠信

鄭忠信湖南光州人字可行高麗名將鄭地之後也忠信生地微幼屬節度營正兵兼隷

府知印 宣廟壬辰倭寇大至時權慄爲光州牧使起兵討賊忠信以知印常在左右權公

絕愛幸之一日權公嘗送兵偵探于賊陣忠信請同往權公呵之曰汝小兒往將何爲忠信

固請遂遣之馳到賊陣賊已退去忠信周視村家有破甕倒覆戲而射之有一病倭隱伏中

箭而死遂斬其首懸𥬠竿而來權公大奇之 上西幸義州權慄爲巡察起兵討賊將以

兵事聞募能以狀達行在者莫有應者忠信奮身請行時年十七是時賊兵滿路忠信杖劍獨

行晝夜數千里達于行朝當是時李鰲城恒福爲兵曹判書謂從者曰是兒遠來無所投止

其以會諸我門下留與衣食授之史書忠信警悟絕人文義日進遇事無難李公大悅親愛如

父子其門下名士如李延陽時白張新豐維崔完城鳴吉皆折輩行屏人地爲交白沙嘗曰

若投劍挾册不害爲一世之高士秋登行朝武科 上語鰲城曰卿嘗謂忠信才今出身矣

八

其以來見及兒 上獎之曰年尙少稍長可大用累從張公晩爲神佐張公亦奇愛之又隨

吳公允謙入日本還歷官至昌洲僉使所在著名及光海君時白沙抗義爭廢 母竄北靑

忠信從行間關嶺海一意匡濟選諭終始以至道路跋涉之艱人情厚薄之

際纖悉畢載爲北邊錄仍服心要三年忠信爲人短小目如曙星美容姿有口辯英果好氣

義善料事多懸中辛酉朝廷遣忠信探建州虜情時毛文龍鎭椵島藉 皇朝重誅索無

度候我動靜以恭之朝廷潛往忠信曰此欲無見疑而事終發反被疑譖

乃上疏曰今臣之行非刺客奸人既不可匿跡全遼之衆豈無一二人走通於文龍者且文

龍以不厭所求望我方深若反其實而譖我於中朝臣恐參母之杼不待三至而投也莫如

奏聞 天朝移帖毛鎭事明白乃無諸奇者雖戮死不敢奉命朝議然之移咨經略府帖

告毛鎭然後乃行既入虜中與諸會言諸皆服又聞忠信曰爾國每謂我爲賊何也答曰

爾有盜天下心非我國憂也我擢滿浦僉使移平安道兵馬虞侯 仁祖癸亥拜安州

曰是虜將爲天下患何但我國憂也何諸何大笑於是盡得其要領歷見毛文龍悉陳賊情而歸且告人

牧使兼防禦使未幾李适反當是時張晩爲都元帥鎭平壤适爲副元帥鎭寧邊以備北虜

适曉將也素稱善兵精卒數萬及降倭劍士悉隸之适新策元功忿爵賞不滿意有陰謀其

嘗文晦上變受捕适逐斬奉命者宣傳官禁府都事約龜城府使韓明璉舉兵反或謂張元

帥曰忠信與适善其無爲适用乎元帥曰此子豈背君父從賊者言終忠信至元帥以擅襄

城數忠信將榜之忠意在疾趣必不由安州且安州無兵可守城徒死無爲也故來

海東名將傳卷之六 〔本朝〕 鄭忠信

九

聽調庵下去留惟命於是元帥引與坐問曰今賊計將安出忠信曰有上中下三策曰何謂
也曰使賊乘新起之銳直渡漢江追遍乘輿危未可知此上策也跨據兩西結毛將爲
聲勢朝廷亦未易制此中策也從間途疾趨京都坐守空城無能爲耳此下策也曰以君計
之當出何策忠信曰適銳而無謀必出下策忠信還未到安州聞賊已趨間路牒請曰安州
已在賊後無事於守鎮願赴慕受指元帥許之適聞忠信從元帥憮然有憚色者亦當爲壯哭拘
或言是日直星七殺兵家忌之忠信曰爲有闊父母之病而擇日而行者且師直爲壯
於術家衆乃服於是元帥以忠信爲先鋒大將南以興爲繼援大將名家子負氣自豪素輕忠
也膽略過人其女壻柳孝傑勇冠三軍俱以罪繫獄元帥之西出也盛言其能曰國危如此
何可以數尺之朽棄干城之將乎 上重釋之幷即日從軍以與名家子負氣自豪素輕忠
信賤微羞與爲儔由是兩人有隙又

仁祖已南幸公州適入京城屯景

福宮推與安君堤僧號李忠吉爲大將以衛之元帥會諸將計事言多異同忠信大言曰旣
義兩將感悟握手驩約兄弟卒成大功諸公皆服元帥知人而多兩將之釋也於是
行追賊遇于黃州之薪橋戰不利又追至坡州當是時
不能戮力破賊賊犯京都 君父播越吾屬罪當死毋論勝敗一戰烏可已且先據北山者
勝今據鞍嶺而陣俯壓都城賊不得不戰戰即仰攻我乘高得便忠信反呼于衆曰
之策善元帥從之忠信先行諸軍繼之元帥令徐驅視便忠信反呼于衆曰元帥有令促進
兵揚鞭疾馳以進京畿巡察使李曙與元帥書曰賊已據都城未易擊公在西我在東絕其

饟道賊必窮待南軍至協討事萬全諸公以爲然而李延陽時曰不然賊在城一日聚衆益

多何益於持久令逆順異形士心咸憤亟及其未定乘銳疾擊元帥日然我知忠信爲人必

已登鞍嶺矣俄報前軍已到鞍嶺元帥驚喜謂延陽日勇哉忠信君可謂知忠信矣忠信先

令輕騎數十潛行上嶺獲烽卒舉火如他日嘗慕諸軍以次至遂布陣忠信與李希建等陣

其南爲前營南以興邊渝等爲東管金完等爲西營申景瑗等爲後營萬澤等爲中堅別遣

精卒數百伏裳巖以防彰義門朝日賊覺之或說適日精銳就皆屬忠信元帥以孤軍在彼躕

一鼓可擒即元帥敗前軍走矣適見前軍少日滅之易耳卅多言因令曰破此後食即開門

出兵分兩路包山而上明璉爲前鋒直薄前營時東風急賊乘風疾攻矢丸如雨我軍旣處

山項控殊死戰風忽轉而西北賊在下風塵沙撲面官軍氣益奮大戰自卯至巳賊將李壞

中丸死明璉中箭卻會適易次旗動南以興望兒大呼日李适敗矣於是賊兵大奔自相蹂

藉墜澗谷死者不可勝數或散走西江麻浦官軍乘勝追擊叫噪蹦躍無不一以當十賊遂

大敗卽甲子二月十一日也時都民屯聚登西城觀望賊勝敗遂閉昭義門教義門以拒賊适

走入南大門忠信欲追之以興日今日之捷天也不出數日兩賊之頭當至何必窮追城中

多隘巷使賊設伏脫有得失柰何忠信日疾雷不及掩耳適明璉已破膽矣實暇爲謀疾追

不過踰通橋就擒耳以興力止之遂遣朴震英伏兵東郊以邀賊賊夜潛兵出水口門南走忠

信率欄孝悌等追及於慶安驛賊望風而潰明日賊醻下斬首適獻行朝現亦擒誅

自起兵凡十七日而賊平諸將爲迎 車駕留京忠信獨邊安州日吾以邊邑將臣不亟誅

二二

叛賊使 乘輿蒙塵罪不小矣惟當還任以俟命 上還都驛召之引見賞金帛遂策勳一

等賜竭誠奮威出氣効力振武功臣號封錦南君秩正憲大夫擢平安道兵馬節度使忠信

上章固辭 上答曰卿有才有智奴酋雖來宜可談笑當之宜勿辭病免還朝丁卯之亂忠

信爲別將赴張晚體府幕用大臣言卽軍中拜副元帥方調諸道兵爲備禦計會金人講

和退忠信嘗語張維曰賊來當得和乃去不足憂果然其後西邊虛警報毛鎮動兵

上驚問之忠信曰必不然庚午金大兵來屯義州金將英俄兒牽輕騎至安州中外震恐

忠信曰彼必大舉西入關此恐我議其後耳無他憂而已皆如忠信言累歲兼都撫管邊司

提調忠信數被病 上輒遺醫視賜予相繼毛文龍死陳繼盛代之劉興治擅殺繼盛與淸

通 仁祖將興師討罪問誰可將者忠信請行 上說曰卿能力疾忘身予復何憂命忠信

領舟師而摠戒使李曙率步騎水陸幷進旣至楊兵于海上島衆震響會與治稱受皇勅乞

欸經略孫承宗亦移啓請釋之 上乃命班師是役也兵未交鋒然義聲聞于中國矣後兵

部移咨瑗之曰向非貴國圖剪與治齊魯幾不寧矣忠信在西邊久見金人勢浸盛深憂之

數上書論便宜言丁卯之受盟非吾能制其命特其意規犯 皇朝比如逐臬之狗不狼顧

耳彼旣肆然無畏苟不治兵株馬震驚 皇朝必不帖伏遼左以送餘年此束國之憂也亟

宜不憚征繕以戒不虞何可一切媕婀爲也請於兩西大州邑皆置山城部分旁近邑同築

而恊守無事則出耕有事則淸野入保設鎮椒島復設廣梁鎮以實海防安州要害可守寧

邊勢相唇齒各置增備命一上將開府兩西之衝摠兩道之力專於守禦則六道晏然民

樂耕桑孰與邊烽一舉八路騷然者哉每有事大發三南兵遠赴西邊無及於援往來援
弊民宜令諸道歲調止三千遞戍安州五歲而更又言彼以我不送使甚既與修盟犬羊
之逆何足與數乎宜疾遣有口辯者善辭而息怨朝廷不能盡用先是金將所言歲
幣　上召諸臣議皆曰不可許獨金時讓李曙曰自古與敵和未嘗無幣　上不從金怒
遺回答使申得淵入瀋金酋不見不受書拒歲幣告絕議徵八道兵江都以待變忠信與體
察使金時讓在安州聞之歎曰此趣禍之術也焉有敵無意來自我召之者兵踵大乾來矣
於是留大乾境上同上疏曰請改爲書無激變　上怒下敎曰金時讓鄭忠信擅留使臣
厥朝廷不斬首警衆無以震肅其議梟示諸大臣言此非臨陣失誤宜先邊鞱　上從之雖
然命改書辭毋怒敵大乾入瀋敵猶怒不得報選　上答金時讓疏曰疊在南漢每思卿言蓋不能
當強敵而論者爭言不足畏及丙子亂後　上懼始許歲幣忠信深知國力弱不能
兩人疏論也是時忠信下吏配唐津未幾赦還光州忠信雖武將也內行修好讀左氏傳太
史公書既建大功位上將居家廉儉被服如書生諸公見忠信籌略常爲國家盡忠藏倚重
焉超受捕盜大將內贍寺提調遷慶尙右道節度使病作遞還丙子夏病甚　上命醫救之
月致食物醫言當用人蔘數斤而重於續請　上下敎曰鄭忠信人非世祿盡思王室以安
及卒　上下敎曰可療此入竭國力無惜況數斤人蔘乎　宗社病勞瘁以殞予甚悼焉其命有
司禮葬又命中官護喪礆以御袍是年春京都訛言倭寇至忠信曰倭人召之不來國之大

憂乃金人耳及廷議又以斥和事送使告絕忠信方病困悶之太息曰國家存亡決於今歲

矣是歲十二月金人果大入遂有南渙之圍始忠信爲正兵也常綵赴節度營舍於老妓老

妓以節度宴餘物饋之忠信却不食曰大丈夫當身爲節度使以己餘食人焉能噉人顏下

物乎其志氣之高亢自少已如此爲惠下僉使時有詩曰千年往迹烏飛間文蕭公碑碧蘚

斑可笑玉門班定遠幾年辛苦乞生還不日自負亦可想見矣其奮起寒逖傑然爲中興名

將蓋有以也

金應河　應海

金應河字景義鐵原人身長八尺餘風儀俊偉氣岸軒昂飲酒數斗不亂二十五中武科

宣廟昇遐不近酒色自沙李恒福一見奇之超薦慶源判官未幾移拜宣川郡守兼助防

將到任之日以收拾人才爲急務聞有孝友行誼者必傾蓋而禮待之智勇齊力者輒招見

而信任之本郡士庶莫不感泣鼓舞皆爲應河一死嘗得胡馬鷔悍者騎而馳之自於馬

上脫其兜鍪懸而投之復跳下取之復跳而止其勇捷如此然性寬厚接人以恭愛士以

禮剖決如流門無停懵於是寧邊之李繼芳李命達鐵山之鄭奇男鄭思儉白鷳京林東儉

郭山之卓松敏成川之黃以忠羅汝就數百人等爲爪牙焉當已未深河之役以左營將受

弘立節制臨行其弟應海欲隨去應河曰兄弟俱死無益力止之與家人訣封緘印信授郡

吏曰我必戰死不可佩往爲國一死蓋其自矢也戊午弘立逗遛義州進住昌城經冬不變

정충신전
鄭忠信傳

(최남선 편, 《해동명장전》, 조선광문회, 1911, 국립중앙도서관 소장)

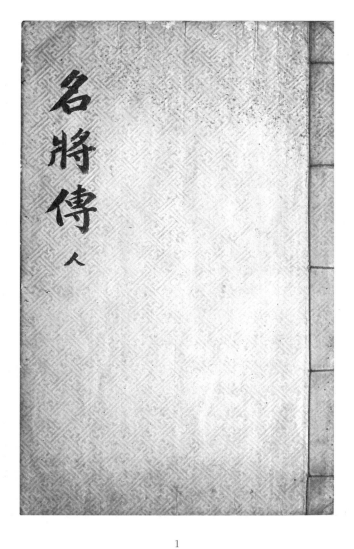

者皆以爲不吉之兆至是果險德齡死後一百五十
年之間嶺湖之人莫不痛惜朝廷終無伸理者白軒
李景奭獻議請伸朝議不咸至　英廟初年李匡德
按湖南啓聞辨其冤誣立祠妥靈士民大悅

　　鄭忠信

鄭忠信湖南光州人字可行高麗名將鄭地之後也
忠信生地微切屬節度營正兵兼隸府知印　宣廟
壬辰倭寇大至時權慄爲光州牧使起兵討賊忠信
以知印常在左右權公絶愛幸之一日權公嘗送兵
偵探于賊陣忠信請同往權公呵之曰汝小兒往將

十一

何爲忠信固請遂遣之馳到賊陣賊已退去忠信周
視村家有破甕倒覆戲而射之有一病倭隱伏中箭
而死遂斬其首懸旌竿而來權公大奇之上西幸
義州權慄陞爲巡察起兵討賊將以兵事聞募能以
狀達行在者莫有應忠信奮身請行時年十七是時
賊兵滿路忠信杖劒獨行晝夜數千里達于行朝當
是時李鰲城恒福爲兵曹判書謂從者曰是見遠來
無所投止其以舍諸我因留與衣食授之史書忠信
警悟絕人文義日進遇事無難李公大悅親愛如父
子其門下名士如李延陽時白張新豐維崔完城鳴

吉皆折輩行屛人地爲交白沙嘗曰若投劍挾冊不

害爲一世之高士秋登行朝武科 上語鼇城曰卿

嘗謂忠信才今出身矣其以來見及見 上獎之曰

年尚少稍長可大用累從張公晩爲裨佐張公亦奇

愛之又隨吳公兒謙入日本還歷官至昌洲僉使所

在著名及光海君時白沙抗義爭廢 母竄北靑忠

信從行間關嶺海一意匪懈記其時變梗槩遷謫絡

始以至道路跋涉之艱人情厚薄之際纖悉畢載爲

北遷錄仍服心喪三年忠信爲人短小目如曙星美

容姿有口辯英果好氣義善料事多懸中辛酉朝廷

卷八

十二

將遣忠信探建州虜情時毛文龍鎭椵島藉　皇朝

重誅索無虔候我動靜以甚之朝廷恐見疑先使忠

信潛往忠信曰此欲無見疑而事終發反被疑誣乃

上疏曰今臣之行非刺客奸人旣不可匿跡全遼之

衆豈無一二人走通於文龍者且文龍以不厭所求

望我方深若反其實而誣我於中朝臣恐參毋之杼

不待三至而投也莫如奏聞　天朝移帖毛鎭事明

白乃無悔否者臣雖戮死不敢奉命朝議然之移咨

經略府帖告毛鎭然後乃行旣入虜中與諸酋言諸

酋皆服又問忠信曰爾國每謂我爲賊何也答曰爾

有盜天下心非賊而何諸酋大笑於是盡得其要領

歷見毛文龍悉陳賊情而歸且告人曰是虜將爲天

下患何但我國憂也擢滿浦僉使移平安道兵馬虞

候 仁祖癸亥拜安州牧使兼防禦使未幾李适反

當是時張晚爲都元帥鎮平壤适爲副元帥鎮寧邊

以備北虜适驍將也素稱善兵精卒數萬及降倭劍

士悉隸之适新策元功怨爵賞不滿意有陰謀其黨

文晦上變發捕适遂斬奉命者宣傳官禁府都事約

龜城府使韓明璉舉兵反或謂張元帥曰忠信與

善其無爲賊用乎元帥曰此子豈肯君父從賊者言

絡忠信至元帥以擅棄城數忠信將榜之忠信曰賊
意在疾趣必不由安州且安州無兵可守城徒死無
焉也故來聽調麾下去留惟命於是元帥引與坐問
曰今賊計將安出忠信曰有上中下三策曰何謂也
曰使賊乘新起之銳直渡漢江追逼　乘輿安危未
可知此上策也跨據兩西結毛將爲聲勢朝廷亦未
易制此中策也從間途疾趣京都坐守空城無能爲
耳此下策也曰以君計之當出何策忠信曰适銳而
無謀必出下策忠信還未到安州聞賊已趣間路牒
請曰安州已在賊後無事於守鎮願赴幕受指元帥

許之適聞忠信從元帥憮然有憚色元帥將出兵或
言是曰直星七殺兵家忌之忠信曰焉有聞父母之
病而擇日而行者且師直爲壯矣拘於術家衆乃服
於是元帥以忠信爲先鋒大將南以興爲繼援大將
南以興者亦當時名將也膽略過人其女婿柳孝傑
勇冠三軍俱以罪繫獄元帥之西出也盛言其能曰
國危如此何可以數尺之朽棄干城之將乎　上重
釋之仟卽曰從軍以興名家子負氣自豪素輕忠信
賤微羞與爲儔由是兩人有隙不與同席語元帥招
兩人坐論以先國家後私怨激以忠義兩將感悟握

名將傳　卷八

十四

9

手驪飲約爲兄弟卒成大功諸公皆服元帥知人而
多兩將之釋怨也於是行追賊遇于黃州之薪橋戰
不利又追至坡州當是時　仁祖己南幸公州适入
京城屯景福宮推興安君瑅僭號李忠吉爲大將以
衛之元帥會諸將計事言多異同忠信大言曰既不
能戮力破賊賊犯京都　君父播越吾屬罪當死毋
論勝敗一戰烏可巳且先據北山者勝今據鞍嶺而
陣俯壓都城賊不得不戰戰即仰攻我乘高得便破
之必矣南以興曰忠信之策善元帥從之忠信先行
諸軍繼之元帥令徐驅視便忠信及呼于衆曰元帥

有令促進兵揚鞭疾馳以進京畿巡察使李曙與元
帥書曰賊已據都城未易擊公在西我在東絕其餉
道賊必窘待南軍至協討事萬全諸公以爲然李延
陽時白日不然賊在城一日聚衆益多何益於持久
今逆順異形士心咸憤宜及其未定乘銳疾擊元帥
曰然我知忠信爲人必已登鞍嶺矣俄報前軍已到
鞍嶺元帥驚喜謂延陽曰勇哉忠信君可謂知忠信
矣忠信先令輕騎數十潛行上嶺獲烽卒舉火如他
日昏暮諸軍以次至遂布陣忠信與李希建等陣其
南爲前營南以興邊瀷等爲東營金完等爲西營申

名臣傳　卷六

十五

景瑗等爲後營黃灘等爲中堅別遣精卒數百伏裳

巖以防彰義門朝日賊覺之或說适曰精銳皆屬忠

信元帥以孤軍在碧蹄一鼓可檎卽元帥敗前軍走

矣适見前軍少曰滅之易耳毋多言因令曰破此後

食卽開門出兵分兩路包山而上明璉爲前鋒直薄

前營時東風急賊乘風疾攻矢九如雨我軍旣處山

頂皆殊死戰風忽轉而西北賊在下風塵沙撲面官

軍氣益奮大戰自卯至巳賊將李壤中九死明璉中

箭却會适易次旗動南以興望見大呼曰李适敗矣

於是賊兵大奔自相蹂藉隆澗谷死者不可勝數或

散走西江麻浦官軍乗勝追撃叫噪踊躍無不以

當十賊遂大敗卽甲子二月十一日也時都民屯聚

登西城觀望勝敗遂閉昭義門敦義門以拒賊适走

入南大門忠信欲追之以興曰今日之捷天也不出

數日兩賊之頭當至何必窮追城中多陋巷使賊設

伏脫有得失奈何忠信曰疾雷不及掩耳适明璉已

破膽矣奚暇爲謀疾追不過廣通橋就擒耳以興力

止之遂遣朴震英伏東郊以邀賊夜潛兵出水口

門南走忠信率柳孝傑等追及於慶安驛望風而

潰明日賊麾下斬适明璉首走獻行朝璡亦捕誅自

名臣傳　卷六

十六　一

起兵凡十七日而賊平諸將爲迎 車駕留京忠信

獨還安州曰吾以邊邑將臣不亟誅叛賊使 乘輿

蒙塵罪不小矣惟當還任以俟命 上還都驛召之

引見賞金帛遂策勳一等賜竭誠奮威效力振

武功臣號封錦南君秩正憲大夫擢平安道兵馬節

度使忠信上章固辭 上答曰卿有才有智奴酋雖

來宜可談笑當之宜勿辭病免還朝丁卯之亂忠信

爲別將赴張晚體府幕用大臣言即軍中拜副元帥

方調諸道兵馬爲備禦計會金人講和退忠信嘗語

張新豐維曰賊來當得和乃去不足憂果然其後西

14

邊虛警報毛鎮動兵　上驚問之忠信曰必不然庚

午金大兵來屯義州金將英俄兒岱率輕騎至安州

中外震恐忠信曰彼必大舉西入關此恐我議其後

耳無他憂而已皆如忠信言累兼都摠管備邊司提

調忠信數被病　上輒遣醫視賜予相續毛文龍死

陳繼盛代之劉興治檀殺繼盛與淸通　仁祖將興

師討罪問誰可將者忠信請行　上說曰卿能力疾

忘身予復阿憂命忠信領舟師而摠戒使李曙率步

騎水陸幷進旣至揚兵于海上島衆震讋會興治稱

受皇勅乞欵經略孫承宗亦移咨請釋之　上乃命

名將傳一　卷七

十七　一

班師是役也兵未交鋒然義聲聞于中國矣後兵部
移咨褒之曰向非貴國圖興治齊魯幾不寧矣忠
信在西邊久見金人勢浸盛深憂之數上書論便宜
言丁卯之受盟非吾能制其命特其意規犯　皇朝
比如逐麋之狗不狼顧耳彼旣肆然無畏苟不治兵
秣馬震驚　皇朝必不帖伏遼左以送餘此東國
之憂也丞宜不憚征繕以戒不虞何可一切婩婀爲
也請於兩西大州邑皆置山城部分旁近邑同築而
恊守無事則出耕有事則淸野入保設鎭椒島復設
廣梁鎭以實海防安州要害可守寧邊勢相脣齒各

置將增備命一上將開府兩西之衝摏兩道之力專

於守禦則六道晏然民樂耕桑孰與邊烽一舉八路

騷然者哉每有事大發三南兵遠赴西邊無及於援

往來徒擾弊民宜令諸道歲調止三千遣戍安州五

歲而更又言彼以我不送使怒甚旣與修盟犬羊之

逆何足與數乎宜疾遣有口辯者善辭而息怨朝廷

不能盡用先是金將所道里來請歲幣 上召諸臣

議皆曰不可許獨金時讓李曙曰自古與敵和未嘗

無幣 上不從金將怒還回答使申得淵入瀋金酋

不見不受書是時國無虞彼方求豐而朝臣爭言絶

和謂爲淸議大臣撓而從焉至是遣金大乾爲書拒
歲幣告絶議徵八道兵保江都以待變忠信與體察
使金時讓在安州聞之歎曰此趣禍之術也焉有敵
無意來自我召之者兵踵大乾來矣於是留大乾境
上同上疏曰請改爲書無激變　上怒下教曰金時
讓鄭忠信檀留使臣指麾朝廷不斬首警衆無以震
蕭其議梟示諸大臣言此非臨陣失誤宜先逮鞫
上從之雖然命改書辭毋怒敵大乾入藩敵猶怒不
得報還　上懼始許歲幣忠信深知國力弱不能當
强敵而論者爭言不足畏及丙子亂後　上答金時

讓疏曰曩在南漢每思卿言盖追記兩人疏論也是
時忠信下吏配唐津未幾赦還光州忠信雖武將也
內行修好讀左氏傳太史公書旣建大功位上將居
家廉儉被服如書生諸公見忠信籌略常爲國家盡
忠咸倚重焉超授捕盜大將內贍寺提調遷慶尚右
道節度使病作遞還丙子夏病甚　上命醫救之月
致食物醫言當用人蔘數斤而重劣續請　上曰可
療此人竭國力無惜况數斤人蔘乎及卒　上下敎
曰鄭忠信人非世祿盡忠王室以安　宗社病勞瘁
以歿予甚悼焉其令有司禮葬又命中官護喪襚以

名臣傳　卷六

十九
一

御袍是年春京都訛言倭寇至忠信曰倭人召之不
來國之大憂乃金人耳及廷議又以斥和事送使告
絕忠信方病困聞之太息曰國家存亡決於今歲矣
是歲十二月金人果大入遂有南漢之圍始忠信爲
正兵也嘗繇赴節度營舍於老妓老妓以節度宴餘
物饋之忠信却不食曰大丈夫當身爲節度使以已
餘食人焉能啖人頷下物乎其志氣之高亢自少已
如此爲重下歛使時有詩曰千年往迹鳥飛間文肅
公䃳碧蘚斑可笑玉門班定遠幾年辛苦乞生還平
日自負亦可相見矣其奮起寒逖傑然爲中興名將

蓋有以也

金應河　應海

金應河字景義鐵原人身長八尺餘風儀俊偉氣岸
軒昂飲酒數斗不亂二十五中武科　宣廟異遷不
近酒色白沙李恒福一見奇之超薦慶源判官未幾
移拜宣川郡守兼助防將到任之日以收拾人才爲
急務聞有孝友行誼者必傾蓋而禮待之智勇贅力
者輒招見而信任之本郡士庶莫不感泣鼓舞皆欲
爲應河一死嘗得胡馬驁悍者騎而馳之自於馬上
脫其兜鍪釜鞭而投之地跳下取之復跳而上其勇

二十一

정충신전
鄭忠信傳

(홍양호, 《해동명장전》 권6, 국립중앙도서관 소장)

無所往而不自得則固無待外境而其心已奕然矣

夫然則是便面者雖投棄而不有之可也

　鄭將軍忠信傳

鄭將軍忠信者湖南光州人字可行高麗名將鄭地

之後也忠信生地徵幼屬節度營正兵兼隸府知印

萬曆壬辰倭寇大至　宣祖西幸義州當是時光州

牧使權慄陞爲巡察起兵討賊將以兵事聞募能以

狀達行在者莫有應之忠信奮請行時年十七時賊

兵滿道路忠信獨身杖劍行達于行朝當是時李鰲

城恒福爲兵曹判書謂從者曰是見遠來無所投止

龜峯集　八卷十四・雜著・二十二

書＿集＿

其以會諸我因留與衣食授之史書忠信警悟絕人

文義日進遇事無難焉李公大說之其愛如父子秋

登行朝武科　上語鰲城曰卿嘗謂忠信才今出身

矣其以來見及見　上獎之曰年尚少稍長可大用

累從張公晚爲禆佐張公亦愛遇之又隨吳公允謙

入日本還歷官至昌洲僉使所在著名光海君時鰲

城公抗議爭廢　母竄沒北邊忠信從焉辨其喪服

心喪三年忠信爲人短小目如曙星美容姿有辯英

果好氣義善料事多懸中朝廷遣忠信探建州虜情

時毛文龍鎭椵島藉皇朝重誅索無厭時我動靜以

基之朝廷恐見疑命忠信潛往忠信曰此欲無見疑

而事終發友被疑誣乃上疏曰臣非刺客奸人既不

可匿迹全遼之眾豈無一人走漏於文龍者且文龍

以不厭所求望我深使反其實而誣我於皇朝臣恐

參母之杼不待三至而投也臣請奏聞天朝移帖毛

鎮事明白乃無悔否者臣雖戮死不敢奉命朝議然

之移咨經略府帖告毛鎮然後乃行既入虜中與諸

大酋言諸酋皆服又問忠信曰爾國每謂我爲賊何

也答曰爾曹有盜天下心非賊而何諸酋大笑於是

盡得其要領以歸且告人曰是虜將爲天下患何但

鬼令集　八卷十四　雜著　二十三

我國憂也擢滿浦僉使移平安道兵馬虞候癸亥

仁祖卽尊位拜安州牧使兼防禦使未幾李适反當

是時張公爲都元帥鎭平壤适爲副元帥鎭寧邊以

備北虜适驍將也素稱善兵精卒數萬及降倭劍士

悉隸之适新策元功忿爵賞不讐有陰謀其黨文晦

上變事适遂斬命捕者宣傳官禁府都事約龜城府

使韓明璉擧兵反或謂張元帥曰忠信與适善其無

爲賊用乎元帥曰此子豈背君父從賊者今至矣言

終而忠信至從事官金起宗曰安州重鎭也固守城

使賊不東職耳擅棄城來宜有罪元帥卽以數恩信

將榜之忠信曰賊意在疾趨必不由安州且由安州

無兵可守城徒死無爲也故來聽調麾下去畱惟命

於是元帥引與坐問曰今賊計將安出忠信曰有上

中下三策曰何謂三策曰使賊乘新起之銳直渡漢

江進逼乘輿安危未可知此上策也跨據兩西結毛

將爲聲勢朝廷亦未易制此中策也從間道疾趨京

都坐守空城無能爲耳此下策也曰以君計之當出

何策忠信曰适銳而無謀必出下策忠信還未到安

州聞賊已趨間路牒請曰安州已在賊後無事於守

鎮願赴幕受指元帥許之适聞忠信從元帥憮然有

昆侖集　　卷十四　　雜著　　二十四

憚色歷數諸將能否皆易之至忠信曰此未可輕也

元帥出兵或言是日直星七殺兵家忌之忠信曰爲

有闈父母之病而擇日以行者且師直爲壯矣拘於

術家衆乃服於是元帥以忠信爲先鋒大將南以興

爲繼援大將南以興者亦當時名將也膽略過人其

女壻柳孝傑勇冠三軍俱以罪繫獄元帥之西出盛

言其能曰國危如此何可以數尺之朽棄干城之將

乎 上重釋之並卽日從軍以興名家子頁氣自豪

素輕忠信徵羞與爲疇輩由是兩人有隙不與同

席語元帥招兩人坐諭以先國家後私怨激以忠義

兩人大感悟握手驩歗如平生約爲兄弟卒成大功
諸公皆服元帥知人而多兩將之釋怨於是行追賊
遇于黃州之薪橋戰不利又追至坡州當是時仁
祖已南幸公州适入京城屯景福宮推與安君堤偕
號李忠吉爲大將以衛之元帥會諸將計事言多異
同忠信大言曰既不能戮力破賊賊犯京都　君父
播越吾屬罪當死毋論勝敗一戰烏可已且先據北
山者勝今據鞍嶺而陣俯壓都城賊不得不戰戰卽
仰攻我乘高得便破之必矣南以與日忠信策之善
元帥從之忠信先行諸軍繼之元帥令徐驪視便忠

昆侖集　　卷十四　　雜著　　二十五

信反呼于衆曰元帥有令促進兵揚鞭疾馳以進京
畿巡察使李曙與元帥書曰賊已據都城未易擊公
在西我在東絶其饟道賊必窘待南軍至協討華陽
全諸公以爲然李延陽時白日不然賊在城一日聚
衆益多何益於持久令逆順異形士心咸憤宜乘其
未定乘銳疾擊元帥曰然矣顧當如何今當傳令於
忠信宜何指授曰我知忠信爲人必已登鞍嶺矣徴
報前軍已到鞍嶺元帥驚謂延陽曰勇哉忠信忠信
之心君果知之忠信先令輕騎數十潛行上嶺獲烽
卒舉火如他日昏暮諸軍以次至遂布陣忠信與李

希逵等陣其南爲前營南以與邊渝等爲東營金
完等爲西營申景瑗等爲後營黃瀷等爲中堅別遣
精卒數百伏裳巖以防彰義門朝日賊覺之或說适
曰精銳皆屬忠信元帥以孤軍在碧蹄一鼓可禽卽
元帥敗前軍走矣适見前軍少曰滅之易耳毋多言
因令日破此後食卽開門出兵分兩路包山而上明
璉爲前鋒直薄前營時東風急賊乘風疾攻矢尤如
雨我軍既處山頂皆殊死戰風忽轉西北風大起賊
在下風塵沙撲面官軍氣益奮大戰自卯至巳賊將
李壤中尤死明璉中箭却會适易次旗動南以興塋

毛宿集 卷十四 雜著 二十六

見大呼曰李适敗矣於是賊兵大奔自相蹂藉墜澗

谷死者不可勝數或散走西江麻浦官軍乘勝追擊

呌噪踴躍無不一以當十賊遂大破卽甲子二月十

一日也時都民屯聚登西城觀望敗遂閉敦義門

西小門以拒賊适走入南大門忠信欲追之以與目

今日之捷天也不出數日兩賊之頭當至何必窮追

城中多隘巷使賊設伏脫有得失奈何忠信曰疾雷

不及掩耳适明璉已破膽矣暇爲謀疾追不過廣

通橋就擒耳以與力止之遂遣朴震英伏東郊以邀

賊賊夜潛兵出水口門南走忠信率柳孝傑等追及

於慶安驛賊望風而潰明日适麃下斬适明璉首走
獻行朝趓亦捕誅自起兵凡十七日而賊平諸將爲
迎　車駕臣京忠信獨還安州曰吾以邊邑將臣不
丞誅叛賊使乘輿蒙塵罪則不小惟當還任以俟命
上驛召引見賜金逯策勳一等賜竭誠奮威出氣效
力振武功臣號封錦南君秩正憲大夫擢平安道兵
馬節度使忠信上章固辭　上答曰卿有才有智奴
酋雖來猶可談笑當之宜勿辭益盡心病免還朝丁
卯之亂忠信爲別將赴張公體府幕用大臣言卽軍
中拜副元帥方調諸道兵馬爲備禦討會虜講和退

崑崙集　卷十四　　雜著　　二十七

忠信嘗譏張新豐維曰賊來當得和乃去不足憂果

然其後西邊虜驚報毛鎮動兵　上驚問之忠信曰

必不然庚午虜大兵來屯義州虜將龍骨大率輕騎

至安州中外震恐忠信曰虜必大舉西入關此恐我

議其後耳無他虞已而皆如忠信言景兼都捴管備

邊司提調忠信數被病　上輒遣醫視賜予相續毛

文龍死陳繼盛代之劉興治擅殺繼盛與虜通　仁

祖將興師討罪問誰可將者忠信請行　上諭曰卿

能力疾忘身予復何憂命忠信領舟師而捴戎使李

曙率步騎水陸並進旣至揚兵于海上島衆震讋會

13

興治稱受　皇勅乞欵經略孫承宗亦移咨請釋之

上乃命班師是役也兵未交鋒然義聲聞于中國矣

後兵部移咨襃之曰向非貴國剪與治齊骘幾不

寧云忠信在西邊父北虜乾浸盛旁有島鎮邊境數

有兵國無備豫忠信深憂之數上書論便宜言虜之

丁卯受盟非吾能制其命特其意規犯皇朝譬如逐

麋之狗不狼顧耳彼旣肆然無畏苟不治兵秣馬震

驚皇朝必不帖伏遼左以送餘年此東國之憂也丞

宜不憚征繕以戒不虞何可一切婾婀爲也請於兩

西大州邑皆置山城部分扃近邑同築而協守無事

己酉集　　卷十四　　雜著　　二十八

出耕有事清野入保設鎮椒島席島復設廣梁鎮以
實海防安州要害可守寧邊勢相唇齒各置將增備
命一上將開府兩西之衝捐兩道之力專於守禦則
六道晏如民樂耕桑孰與邊烽一舉八路騷然者哉
每有事大發三南兵遠赴西邊無及於援難往來徒
擾獎民宜令諸道歲調止三千遞戍安州五歲而更
諸道得大寬而邊城常有助又言虜以我不送使怒
甚既與修盟犬羊之逆天足與數乎宜疾遣有口者
善辭以息怨朝廷不能盡用先是虜將所遣里來請
歲幣　上召諸臣議皆言不可許獨金時讓李曙曰

自古與虜和未嘗無歲幣　上不從虜將怒還回答
使申得淵入藩虜酋不見不受書還時國無兵虜方
求釁而朝臣爭言絕和謂爲淸議大臣撓而從焉至
是遣金六乾爲書拒歲幣告絕議徵八道兵保江都
以待變忠信與體察使金時讓在安州聞之歎曰此
趣禍之術也焉有敵無意來自我召之者虜兵踵大
乾來矣於是畱大乾境上同上疏曰請改爲書毋激
變　上怒下教曰金時讓鄭忠信畏其喪元擅畱使
臣指麾朝廷不斬首警衆無以震肅其議梟示諸大
臣言此非臨陣失誤宜先逮鞫　上從之雖然命改

崑崙集　卷十四　雜著　二十九

書詞毋怒敵大乾入藩虜猶怒不得報還　上懼始

許歲幣忠信深知國力弱不能當北虜而論者爭言

虜不足畏雖　上意亦示威武至議親征及丙子亂

後　上答金時讓疏曰曩在南漢每思卿言盡追記

兩人疏論也於是忠信下吏配唐津　上賜藥物慰

藉之甚厚未幾赦還光州忠信雖武將也內行修好

讀左氏傳太史公書既建大功位上將居家廉儉被

服如書生諸公見忠信籌略長爲國家忠計歲重罷

如張新豐李延陽及余曾大父忠公皆友之明年

授捕盜大將內贍寺提調遷慶尙右道節度使南⋯

遞還丙子夏病甚 上命醫救之月致食物醫言當

用人參數斤重於續請 上曰可療此人竭國力無

惜況數斤人參乎及卒 上下教曰錦南君鄭忠信

人非世祿盡忠王室以安 宗社病勞瘁以歿予甚

悼焉其令有司禮葬又命中官護喪襚以 御袍是

年春京都訛言倭寇至忠信曰倭人召之不來國之

大憂乃北虜耳及廷議又斥和事送使告絕忠信方

病困聞之太息曰國家存亡決於今歲矣是歲十二

月虜果大入遂有南漢之圍

贊曰忠信之爲正兵嘗鎔赴節度營舍於老妓老妓

毛翁集　卷十四　雜著　三十

以節度宴餘物饋之忠信却不食曰大丈夫當身爲
節度使以已餘食人顧焉能咬人頷下物乎其志氣
之亢如此其決筴破适爲中興名將有以也及其料
敵審勢不與時俯仰觸罪不悔可謂忠矣孔子曰必
世臨事而懼好謀而成忠信廢矣乎

書麗史禑昌事

麗季禑昌辛王之辨前輩所論不一史牒所錄雜亂
隱晦尤無可準實爲千古未決之案當取諸家文字
參合而觀之竊意當以恭愍子爲斷或曰麗史以禑
爲辛旽之子而其母則般若有云禑小字牟尼奴旽

장군 정충신전
鄭將軍忠信傳

(최창대,《곤륜집》권14, 국립중앙도서관 소장)

者而使
聖上至誠事大之忠貞終若日月之昭揭者
此臣區區報答之萬一伏願　聖明亟將送臣偵探之
意一邊敷奏　天朝一邊移揭於毛文龍事須有光明
正大無一毫遺悔以免他日　天朝煩舌焉臣亦知廟
堂成筭必不出此而竊見贊臣以　有旨事意行會於
臣者曰毛將若知鄭忠信入往之事或不無阻梗生事
之患鄉其十分秘機潛形而送臣之愚慮不能無疑於
心乃敢冒陳危懇若不言於毛將而必欲以臣潛形而
送則臣雖萬被誅戮終不敢奉　命焉臣不勝伏質引
頸以待斧鉞之至謹昧死以　聞

犬馬之誠竊念天下事言之則一致而有疑信不同者

存宋富民之築墻是也今臣之行既非刺客姦人理難

匿跡全遼一地登無一二思漢耆走漏消息以及於毛

將也即今文龍歷在吾境日以不稱其所欲望我方深

若變幻其辭說傳誤於　中朝聽聞則以不專之心聽

忌者之說必智其子而疑降翁參母之將不待三至而

投也今臣到彼若以　國家之靈伊虜能降心而相聽

也臣先言其終始不可背　天朝之義勉以親仁善隣

之道或潊或說低昻辭說隨機應變務得其歡心如其

狼怒加暴於臣身臣益激忠義之氣若將爲　天朝計

晩雲集卷之二

疏

奉使虜庭請奏聞　天朝移咨毛鎭疏　辛酉在滿浦時

伏以建虜射　天至僭年號旣以荐食　上國又欲東

吠或要信使相聘或請關上開市試我揮闔無所不用

其極迺者天兵失律退舍頻遠旣不能賴　上國之援

又不爲羈縻之計則出於無策　聖慮所在亦出於此

不知臣無狀以臣爲虜庭之使臣唯當聞　命卽行夙

夜匪懈以舒目前之惡而已至於廊廟之事非使人之

所知然而蹇婦不恤其緯惟宗周是憂臣亦豈無區區

奉使虜庭請奏聞天朝移咨毛鎭疏

(정충신, 《만운집》 권2, 국립중앙도서관 소장)

而斬言戰勝古好拉射畵遍合諸郡功多
者續一分○虜中言守城言死亡如淸河野
戰言壯者如墨山奴搊兵見瀋陽圍兔矣
東塞白來投於墨山奴虜幷攻瀋陽言兵以
迤言萬州兵六七千當虜窮萬十萬雖衆
寡不敵彼彼至於虜窮言死傷六七當
虜至丁勝言言虜兵進薄淸河使唐虜芳
招降城主城主脫甲登城謂曰你顚投
無朋有言義可速去不於過弦箭乃發兵
同守矢石如雨虜兵八進入退死傷極多和
而戰見星未己者累日及至城陷城主力戰
而死士卒六無投降者洞元城中影多節
義言人兵穰及城人爭渡死屋無一震橋巷
無言彼至言一家全節五六歲兒六男後
死去 奇搊兵滿河洞虏城主皆哭其名可惜及至遼陽

用柱決勝兩重甲用於攻城塡壕一部兵乚一
萬二千人八部大約九萬六千孺乚老商自領
二部一部阿牛當乚之黃旗無盡一部大
舍乚之黃旗畫黃乚貴盈哥領二部一部
甫乙之金乚之赤旗無盡乚一部湯古台乚之
赤旗畫乚乚沙左主領一部洞口魚夫乚之
白旗無盡乚亡而退頷一部毛漢那里乚之
乚旗無盡首經阿民左主領一部其餘者
送唅乚之乚旗畫黑乚首孫牛乚阿古頷
一部羊古乚之白旗畫黃乚後司哨乚
六乚乚旗而乚左山之分軍乚乚畫乚小
議以爲認每部各乚黃甲二統乚甲乚
甲二統白甲二統乚我乚獨進獨退乚者
朱簡乚乚乚喧呼乚乚獨退者乚乚
箭射之我軍乚乚肯乚朱乚者乚不輕重

五十四

者首之沒係又勇而多智超出諸將之右有
法戰勝皆其功又首當鐵向曰諸守中誰可
以代來者阿斗曰當以呰必又誰能呂言首
曰等言之阿斗曰智勇俱全人誰道志言首
可首曰某向沙意之弘在又畫指沙右王
之貴盈哥中此深喇之沙阿斗密諮貴
機左迎頂涌之貴盈哥見其英而沒首慎
可之答以阿斗之言首即招三子曰目言
無此語甚詳慶首貴曰阿斗以呰喜撰
兩曰鎖担而因之密室稱沒實首之英
阿斗是自壞其長城又其兵呂八郡二十五峭
若一郡四百人名一峭一峭之中尝抄百長甲
百貚甲百而重甲百名抄者着水銀甲苐
軍之中壹之易謝口品左沒陣呂居內專

甚不忠信願來咨之還自許之仍曰貴
自此來幾時汝來予若許通差兩吐之去矣
曰言我勿以汗之云見為憾之以白金十兩孤
彼二今賜之勿帶貴後多給銀一兩以路
資臨業乃送自言二匹回中唐見友東京之云
到此艱損故以勞請代步亦可弱矣於曰
小壽貴之去云言多艱之患貴吐特治強之
一匹廣意至乎不意之忠信遂由鎮江路還
○是予忠信生近目餘川二子餘里深入廣
穴廬中予情無不詳探盡矣酒之子平
餘人而物兵者之人長貴盈哥住汝太主
途之可退途湯古台途阿之臣之貴
盈哥特昌茅一廣夫雖太主吳勇超人
內多猜忌情其不之偏毫潛懷裁之計其
伏罘無乏掃者揔之把老首之此尤昌阿斗

五十

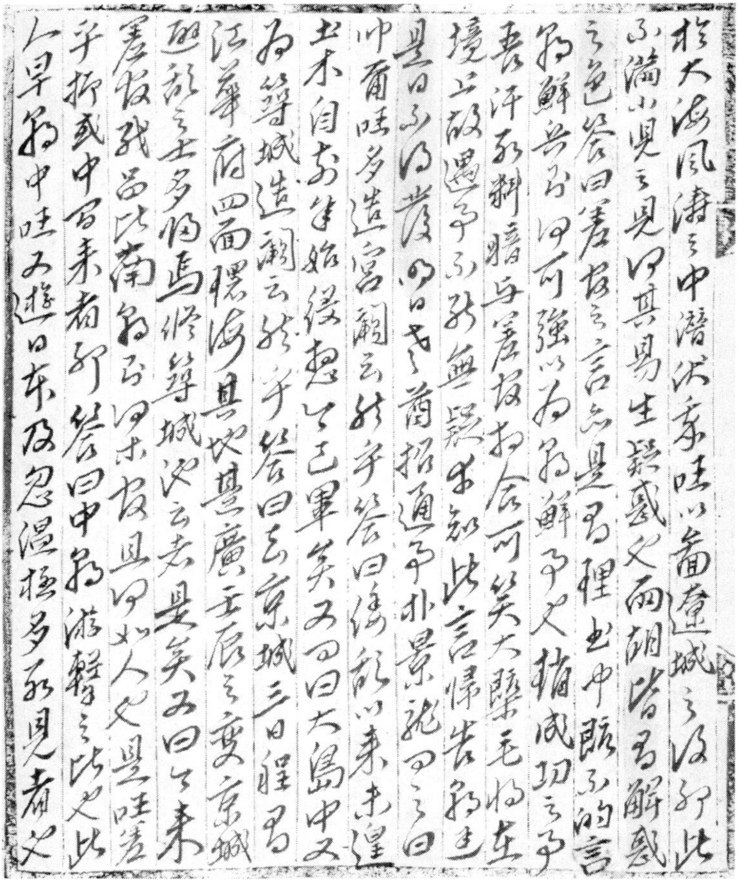

与来亲时利亦来子亦贵吐子忠信曰彼此
利害画不可豫的来吐自立辰以没積嘗勞
具不於重围兩吐生靈欲亦子封疆世無笑
文出之不答實出於重其亦子之意乃以游鋒説
来亦言無乃夫遍子通遷一節言甚多
理但以亲吐近来亦不無之子故亦不擅許若
平以寨之曰来言之不要也亲胡曰不以貴若
吐無漢人乎忠信曰毛游擊領的兵未泊龍
川港口笑亲胡曰波若徽兵貴吐山宣無二
勘忠信曰两帅立亲之已久笑嘗
簡亲人彥胡曰两帅立亲之已久笑嘗
寧實之日子彼拘古以牛羊等物贖乃
兄須直道可史忠信曰此以东犯刑兩帅
有好的独之好名籍之此其常乎曰必向来道

第二人適會此地豈無願見之意吾直往
審對話及遠寓共慰之後曰吾得人也
曰汝解吾大哇厚遣遣後書詞具日吾乃
歔處乳不示曰若送善人揩至京城
以海留主善狠弦帶吾居忠信曰奉哇東
交曰吾西揩此地近來絶束史薩德乃境
此紛劍之予史曰不擅許回問彦胡內
承直里有乙之下大海永宰兩帥來見右海
傳酋意曰貴哇既己遣後吾吾此當
遣後扣海乘欲修乱善後一切牢推也
賍与言扣交曰通售是無內的之意
向之曰吾若閉门諸宮者於扣義言義可
言以信于旦吾麻累修出而一不答之此不
子形出達扣徽卽恐見怪欲出後金汗曰
以為厚破以游辭琉亲曰其揆人如則忧予

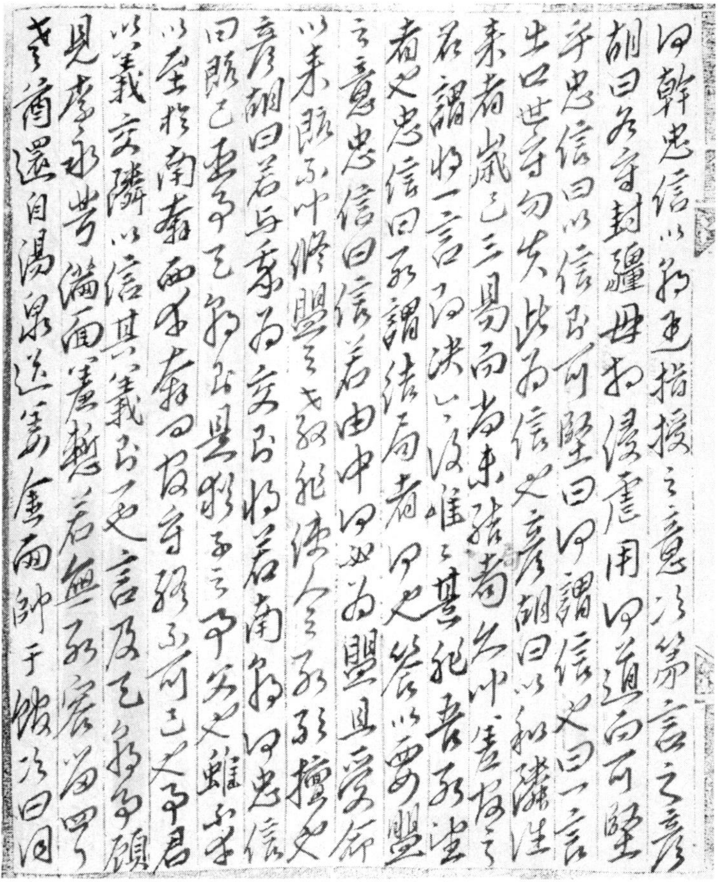

3

流寇招毛都督毋之将不待三至而援父次顧
聖两臣内送垂須探之意數羨毛隨臾言
於毛多就使使内覓毛下頼忘分豈然使
垂之卒實哄家之卒人垂寅見昌昔於須嶺
垂不臺召囚靡内若苓此子不無縃沖軍
機之惠十分濟形以送若不言於毛多就而濟
形以送昌垂雖萬敢誅戮絲不弘愛命和
池浮其言送以其意告毛内毛多就以為送
人領探不妨忠信遠与胡善小專貴东
程川十餘曰到盧營營舜蘆適性湯泉彼
忠信於南城和望昌胡内彦加里自湯泉
来蕭之貴垂玉又大毅寫具諸忠信赳席
苗墻元古大胡内孤豆里虜永芳修善性
彦加里木在坐笑彦胡笑言曰吾蕭在湯
果徒亲兄尉筆後畫路畢芸細两曰孤来

2

후금 요양성 정탐서
後金遼陽城偵探書

《광해군일기》 1621년 9월 10일조, 국사편찬위원회)

역주자 **신해진**(申海鎭)

경북 의성 출생
고려대학교 국어국문학과 및 동대학원 석·박사과정 졸업(문학박사)
전남대학교 제23회 용봉학술상(2019)
현재 전남대학교 인문대학 국어국문학과 교수
BK21플러스 지역어 기반 문화가치 창출 인재양성 사업단장

저역서 『북행일기』(보고사, 2020)
『심행일기』(보고사, 2020)
『요해단충록』 1~8(보고사, 2019, 2020)
『무요부초건주이추왕고소략』(역락, 2018)
『건주기정도기』(보고사, 2017)
『심양왕환일기』(보고사, 2014)
『심양사행일기』(보고사, 2013)
이외 다수의 저역서와 논문

후금 요양성 정탐서 後金遼陽城偵探書

2020년 7월 10일 초판 1쇄 펴냄

지은이 정충신
역주자 신해진
펴낸이 김흥국
펴낸곳 도서출판 보고사

책임편집 이경민
표지디자인 손정자

등록 1990년 12월 13일 제6-0429호
주소 경기도 파주시 회동길 337-15 보고사 2층
전화 031-955-9797(대표)
02-922-5120~1(편집), 02-922-2246(영업)
팩스 02-922-6990
메일 kanapub3@naver.com/bogosabooks@naver.com
http://www.bogosabooks.co.kr

ISBN 979-11-6587-066-9 93910
ⓒ 신해진, 2020

정가 15,000원